zip Hoffnung‹, sondern von einer »Miniaturutopie«.
Vom Ende der Nahgesellschaft war die Rede. Doch für die Kultur und die Künste kann es eine digitale Zukunft immer nur als – teilweise notwendige – Erweiterung geben. Das zielt auf die Vermittlung. Das Schreiben ist notwendig ein einsamer Akt, die Lesungen dagegen nicht: »Das ist nicht nur finanziell eine Einbuße, ich habe auch gemerkt, wie sehr eben auch die Literatur eine performative Kunst ist«, sagt Peter Stamm. Und politisch auf das europäische Projekt bezogen? »Die EU ruckelt, aber sie bewährt sich«, schreibt Eva Menasse. »Vielleicht hat dieser Kontinent aus hunderten blutigen Jahren doch etwas gelernt?« Was Simon Strauß in seinem Beitrag bestätigt: »Eine Gesellschaft, die den Wert der Poesie vergisst, wird verhärten. Ohne die Literatur ist Europa verloren.« Zeitenwende? Andreas Rödder bilanziert: »Die Gegenwartsdiagnose meint fast immer, eine Zeitenwende zu erleben. Historiker sind da gelassener, neigen allerdings zu einer Nonchalance à la ›nichts Neues unter der Sonne‹«.
Wir danken allen Beiträger*innen für die Mitarbeit und Unterstützung. Eine Momentaufnahme inmitten der Pandemie hatten wir uns vorgenommen und wir waren überwältigt von den konstruktiven literarischen und theoretischen Rückmeldungen. Was bleibt, ist die Zuversicht. Peter Schneider soll das letzte Wort haben. Mit Blick auf den »digitalen Fernverkehr« von Telemedizin, Onlinehandel und Homeoffice ist er sich gewiss: »Aber mit und gegen diese Trends wird es auch eine Rückkehr zu der am meisten entbehrten Austauschform zwischen Menschen geben: zur Berührung.«

Hansgeorg Schmidt-Bergmann
Matthias Walz

allmende Nr. 106
Dezember 2020 · 40. Jahr

Redaktion
Hansgeorg Schmidt-Bergmann
und Matthias Walz

Herausgegeben von Hansgeorg Schmidt-Bergmann
im Auftrag der Literarischen Gesellschaft, Karlsruhe

Literarische Gesellschaft
PrinzMaxPalais · Karlstr. 10
76133 Karlsruhe
Telefon: +49 (0) 721 133-4087
info@literaturmuseum.de
www.literaturmuseum.de

Verlag
mdv Mitteldeutscher Verlag GmbH
Am Steintor 23
06112 Halle (Saale)

Telefon: +49 (0) 345 233 22-0
Telefax: +49 (0) 345 233 22-66
info@mitteldeutscherverlag.de
www.mitteldeutscherverlag.de

Gesamtherstellung
mdv Mitteldeutscher Verlag GmbH

Bezug & Abo
mdv Mitteldeutscher Verlag GmbH
Telefon: +49 (0) 345 233 22-0
Telefax: +49 (0) 345 233 22-66

Eine Kündigung ist innerhalb eines Vierteljahres
nach Lieferung des letzten Heftes möglich.

Preise
Einzelbezug 12,00 €/12,40 € (A)/16,80 sFr
Abobezug 10,50 €/10,80 € (A)/14,70 sFr

allmende erscheint 2 × jährlich

ISSN 0720-3098
Einzelbezug: ISBN 978-3-96311-505-9
Abobezug: ISBN 978-3-96311-506-6

U1	Strandpromenade von Westerland auf Sylt picture alliance / dpa | Christian Charisius
1	Hansgeorg Schmidt-Bergmann: Bettina Schulte Matthias Walz: MLO
6	Vea Kaiser: Ingo Pertramer Clemens Berger: Katharina Susewind Ursula Poznanski: Gaby Gelster | Loewe Verlag GmbH Marc Elsberg: Lukas Ilgner
15	Ristorante Rossini: Guiseppe Maione
17	Jan Wagner: Nadine Kunath
21	Bernhard Pörksen: Peter-Andreas Hassiepen
25	Marlene Streeruwitz: bahoe books
27	Insa Wilke: Mathias Bothor
28	Ulrike Draesner: Alem Klobus
35	Lena Gorelik: Charlotte Troll
37	Alissa Walser: Aquarell, 40 × 40 cm, 2020
38	Martin Walser: MLO
42	Nadja Küchenmeister: Dirk Skiba
44	Björn Kern: Suskia
47	Homeoffice und Homeschooling: picture alliance/KEYSTONE | ALESSANDRO DELLA VALLE
48	Digitale Lehre: picture alliance/dpa | Uwe Zucchi
49	Philipp Staab: Robert Poorten
57	Peter Stamm: Anita Affentranger
60	Lutz Seiler: Heike Steinweg/Suhrkamp Verlag
63	Ensemblemusik mit Abstand: picture alliance / ASSOCIATED PRESS | Isao Tsuchiya
64	Louvre: picture alliance/dpa/MAXPPP | Olivier Donnars / Le Pictorium
68	Eva Menasse: juergen-bauer.com
69	Logo: ›Arbeit an Europa‹
71	Corona-Kontrollen an der Grenze zu Polen in Görlitz: picture alliance / Geisler-Fotopress | Matthias Wehnert/ Geisler-Fotopress
71	Simon Strauß: Martin Walz
73	Gedenken an George Floyd in Warschau: picture alliance / NurPhoto | Aleksander Kalka
76	Lucia Leidenfrost: punktachtneun.de
77	Reichsflaggen vor dem Reichstag: picture alliance/dpa/dpa-Zentralbild | Paul Zinken
78	Donald Trump: picture alliance / abaca | Gripas Yuri/ABACA
79	Andreas Rödder: Bert Bostelmann
81	Synagoge in Halle (Saale): picture alliance/dpa/dpa-Zentralbild | Jan Woitas
83	Peter Schneider: MLO
84	Überwachungskamera am Tian'anmen-Platz in Peking picture alliance / AP Photo | Andy Wong
96	Claude Vigée: MLO
98	Maren Kames: Mathias Bothor Nora Bossong: Heike Steinweg/Suhrkamp Verlag
99	Fatma Bahar Aydemir: Bradley Secker Thomas Hettche: Thomas Andenmatten Sven Amtsberg: Maike Hogrefe Marion Poschmann: Frank Mädler
100	Gerhard Polt: Mario Riener Annette Pehnt: Peter von Felbert
101	Clemens Meyer: Gaby Gerster Josephine von Blueten Staub: Nina Zerche Carolin Callies: Thommy Mardo
102	Thilo Krause: Peter-Andreas Hassiepen Anne Pauly: Smith Esther Kinsky: Heike Steinweg/Suhrkamp Verlag
103	Irina Liebmann: Maximilian Merz Saša Stanišic: Katja Sämann Nora Gomringer: Judith Kinitz
104	Hermann Hesse Literaturpreis-Verleihung: Fränkle Cihan Acar: Robin Schimko Anne Weber: Thorsten Greve

Nicht bei allen Fotos konnten die Rechteinhaber ermittelt werden. Wir bitten um Kontaktaufnahme.

Dank für die großzügige Unterstützung an Prof. Dr. Matthias Siegmann, Rechtsanwalt beim Bundesgerichtshof

Man kann also behaupten, dass eine Lehre des Virus darin besteht, uns mit Gewalt und Macht in das digitale Zeitalter zu schieben. Keine Produktions- und keine Rezeptionsformen werden davon unberührt bleiben. Der konstante Aufruf »Nicht näherkommen!« ziert auf prognostische Weise das Eingangsportal zur Ferngesellschaft.
Peter Weibel: Virus, Viralität, Virtualität. Oder: das Corona-Virus, der Leviathan der Nahgesellschaft (allmende – Zeitschrift für Literatur, Nr. 105, Juli 2020)

»Der Ausnahmezustand, wie eine Ausgangssperre, wird zum Normalzustand«, konstatierte der Medienwissenschaftler und Künstler Peter Weibel am Beginn des ersten Lockdowns im März 2020. Für kurze Zeit kehrte man im Sommer begrenzt zur ›Normalität‹ vor Corona zurück, mit Masken und drastisch reduzierten Besucher- und Teilnehmerzahlen. Jetzt, am Ende des Jahres, befinden wir uns in einem sogenannten ›Lockdown light‹: Kulturelle Veranstaltungen sind nicht möglich, die Museen wieder geschlossen, die Universitäten das zweite Semester in Folge ohne Präsenzveranstaltungen, die Mobilität ist stark eingeschränkt, Hotels sind lediglich für beruflich Reisende geöffnet, die Gastronomie musste wieder schließen und persönliche Kontakte wurden stark reduziert; Kitas und Schulen hingegen versucht man funktionsfähig zu halten. Bald dauert es ein Jahr, dass das Virus uns beschäftigt – zunächst weit entfernt im chinesischen Wuhan, dann die ersten Fälle in Italien und zurzeit wieder mit global rasant steigenden Infektionszahlen. Alle europäischen Staaten sind im Moment als Risikogebiete zu meiden. Die Pandemie wird zum Normalzustand und wir werden damit noch einige Jahre leben müssen – daran können auch die ersten Impfstoffe nur wenig ändern. »Das Coronavirus dürfte ganz im Gegenteil einen Wandel, der schon im Gange ist, beschleunigen«, prophezeit der französische Schriftsteller Michel Houellebecq in der *FAZ* (Nr. 19, 10. Mai 2020). Das betrifft nicht allein den eindeutig beschleunigten Prozess der Digitalisierung und damit die Festigung des »digitalen Kapitalismus«, wie ihn Philipp Staab beschreibt: »Leitunternehmen des digitalen Kapitalismus wie *Google*, *Apple*, *Facebook* oder *Amazon* sind bekanntlich zu den wertvollsten und wahrscheinlich mächtigsten Konzernen der Welt aufgestiegen.«
»Die geschlossene Gesellschaft, zu der wir verdammt sind, öffnet unsere Köpfe!«, erhofft sich Peter Weibel. Das war für uns nach den Beiträgen in der letzten Ausgabe der *allmende,* die bereits geprägt waren durch die ersten Erfahrungen mit der Pandemie, Anlass, nach den Erfahrungen mit dem Virus zu fragen, nach den Ängsten und den Zukunftsperspektiven, die schließlich die Gesellschaft im Ganzen betreffen: die ökonomische Entwicklung, die rechtsstaatlichen Folgerungen und das soziale Zusammenleben. »Ob die Pandemie meine Arbeit beeinflusst? Ich habe mir fest vorgenommen, darüber nicht zu schreiben,

aber weiß nicht, ob ich das durchhalte«, antwortete uns Peter Schneider – und mit dieser Haltung steht der Schriftsteller und Essayist nicht allein. Andererseits sind bereits zahlreiche Schriften über die Corona-Krise erschienen. »In diesem Herbst habe ich bereits 25 Corona-Bücher gezählt. Das erste kam Anfang Mai heraus«, berichtet Vea Kaiser in ihren *Tischgesprächen zur Gegenwart*, die am Anfang dieser *allmende* stehen. Einen Überblick über einen Ausschnitt der erwähnten Neuerscheinungen finden Sie im abschließenden Rezensionsteil. Und die Zeitenwende? Ursula Poznanski äußert sich in den *Tischgesprächen* eindeutig: »Ich glaube tatsächlich, dass wir in einer Art Umbruchzeit leben, weil sich die Gräben immer weiter aufmachen zwischen wohlhabend, nicht wohlhabend, gebildet, ungebildet, rechts und links.« Die Corona-Krise steigert das Bewusstsein über die Gefährdung der Zivilgesellschaft, die globalen kriegerischen Auseinandersetzungen, den Kampf um die Hegemonie in Asien und Afrika und die Auslöschung der architektonischen Zeugnisse vergangener kultureller Größe – Palmyra steht dafür als eine traurige Chiffre. Ebenso wie »Ausgangssperre«, ein Zustand, der über Corona hinaus für Wege zu autoritären Gesellschaftsformen stehen wird. »Auch im übrigen Europa sind die Bürger immer öfter gefordert, das zivile Minimum zu verteidigen«, so die Befürchtung von Peter Schneider. Im belarussischen Minsk demonstrieren seit Wochen zehntausende mutige Frauen und Männer gegen die Diktatur, in Ungarn wird die Rechtsstaatlichkeit und Wissenschaftsfreiheit Stück für Stück außer Kraft gesetzt, und in Polen, wo die Unabhängigkeit der Gerichte längst nicht mehr existent ist, wird die Selbstbestimmung insbesondere der Frauen immer weiter eingeschränkt. Bleibt zu fragen, was angesichts der Pandemie in Frankreich und Italien spätestens nach den nächsten Wahlen geschehen wird?

Der Medienwissenschaftler Bernhard Pörksen sieht in der Krise einen »Zivilisationstest«. Er fragt: »Wie lernen Kulturen?« und »Wie wollen wir künftig leben? Darüber müssen wir jetzt reden und streiten«. Daran schließt Marlene Streeruwitz unmittelbar an: »Es sind wohl solche Ereignisse wie die Pandemie durch den Covid-19 Coronavirus, die die Zeit selbst zum Vorschein bringen. Und. Ob sie sich nun wendet oder eher kippt.« Georg Büchner lesend heißt das für sie: »Literatur ist das besondere Modell von Zeit, in dem Freiheit existieren kann.« Ähnlich argumentiert auch die Literaturkritikerin Insa Wilke: »Wenn literarische Sprache gut ist, kann sie wieder in eine Erfahrung zurückführen«. Dafür stehen die Reflexionen von Lena Gorelik und Peter Stamm als Beispiel. Ganz anders, aber nicht weniger gewichtig, sind die Aphorismen von Martin Walser, die vollständig unter dem sprechenden Titel *Sprachlaub. Wahr ist, was schön ist* im März 2021 erscheinen werden. Die verheerenden sozialen Folgen, die der Lockdown für Künstler und fast alle Kulturschaffende mit sich bringt, betont Nadja Küchenmeister: »Ihre Existenzgrundlage ist fundamental bedroht bis zerstört und sie müssen nun, vielleicht temporär, vielleicht für immer, nach anderen Einkommensmöglichkeiten suchen.« Was bleibt, so Björn Kern in seinem *Wutanfall* über den Zustand des Weltgebäudes, ist die »Sehnsucht nach einer Welt, in der Leben und Zerstören nicht ein und dasselbe sind« – daher spricht Lucia Leidenfrost in ihren Reflexionen auch nicht von einem ›Prin-

7 7 7 7 17 18 22

26 28 29 36 39 43 45

50 58 61 69 73 77 80

ZEITENWENDE

VEA KAISER, CLEMENS BERGER,
MARC ELSBERG, URSULA POZNANSKI

Tischgespräche zur Gegenwart

Vea Kaiser: Es hat sich viel getan in diesem Jahr. Schon allein, dass wir uns heute hier treffen können ist eine Ausnahmesituation, eigentlich wäre zurzeit Frankfurter Messe.

Ursula Poznanski: Es war sicher richtig, dass die Messe abgesagt wurde. Ich war einen Abend in Frankfurt, aber habe keine Messe gesehen. Ich war am Hauptfriedhof, das war insofern gut, weil ich den brauche für mein aktuelles Buch, und hatte am Abend eine Lesung vor 50 Leuten in einem Raum, wo sonst 150 reingegangen wären. Dann bin ich wieder nach Hause geflogen. Es war insgesamt ein bisschen sinnbefreit. Es gab sogar einen Büchertisch, aber man durfte nicht signieren.

K: Clemens, Du hast gerade in Köln gelesen, wie war es dort?

Clemens Berger: Das Forum Independent hat dort ein Buchfest veranstaltet. Das Pech war, dass an diesem Morgen die Kanzlerin sagte, man solle zu Hause bleiben. Nach Monaten an Vorbereitung war dann sehr wenig los. Ich hatte zwei Lesungen, die erste war um vier. Da waren vielleicht 30 Leute, die zweite hätte um sieben sein sollen, aber da kein Mensch mehr da war, haben wir es gelassen. Dann wollten wir essen gehen, in ein Restaurant, in dem man normalerweise ohne Reservierung keinen Platz bekommt. Als wir hinkamen, war dort kein einziger Mensch. Im Hotel waren beim Frühstück fünf Leute. Man musste zuerst die Hände desinfizieren und dann über die desinfizierten Hände Einwegplastikhandschuhe ziehen. Beim Rückflug, am Sonntag, bin ich sicher zwei bis drei Kilometer durch die Gänge gegangen, ohne einen einzigen Menschen zu sehen. Aber im Flugzeug saßen alle Schulter an Schulter, das finde ich wirklich absurd.

K: In Deutschland beobachtete ich auf der einen Seite viel strengere Regeln, und auf der anderen Seite viel größere Nicht-Akzeptanz dieser. Als ich mit der Deutschen Bahn fahren musste, befand sich mein zugeteilter Sitzplatz neben einem älteren Herrn. Der wollte keine Maske tragen, also hat er sich eine Bierflasche bestellt und an der vier Stunden genuckelt.

P: Stell dir vor, das Virus wäre noch ansteckender und bei 50% der Infizierten tödlich. Die Leute würden sich doch gegenseitig umbringen, wenn man jemanden ohne Maske sieht.

Marc Elsberg: Interessant ist: Wenn man sich die Seuchenfilme der letzten Jahrzehnte anschaut, sieht man nirgendwo eine Maske.

K: Wie oft habt ihr euch im letzten Jahr gedacht: Um Gottes Willen, das ist ja wie in meinen Romanen? Die Realität holt die Fiktion ein.

P: Ich habe sowas nie geschrieben und habe auch keine Lust, es zu schreiben. Für eine Dystopie müsste man es noch ein bisschen mehr auf die Spitze treiben.

E: Lustig sind die Cartoons, wo zwei Menschen auf der Couch sitzen und sagen: Niemand hat bei diesen Dystopien die Langeweile erwähnt. Das liegt aber natürlich auch an dem Verlauf, den wir haben.

P: Es rechnet ja auch niemand damit, dass du der Sache mal so müde wirst, also dass die Krise einmal langweilig wird. Am Anfang haben noch alle aus den Fenstern gesungen.

B: Der Anfang ist immer interessant.

P: Wir ziehen alle an einem Strang, wir schaffen das!

E: Um die Frage zu beantworten, jein, die Dynamik war bis zu einem gewissen Grad vorhersehbar, wenn man sich mit solchen Situationen beschäftigt, so wie ich in »Blackout«. Dass sich die Leute nicht schon nach ein paar Stunden gegenseitig umbringen, sondern dass man in einer Krise am Anfang zusammenhält. Mein Agent und mein Verlag wollten jahrelang, dass ich über eine Pandemie schreibe, aber das hat mich nicht interessiert, weil es schon in den späten 90ern ein riesengroßer Hype war.

K: In diesem Herbst habe ich bereits 25 Corona-Bücher gezählt. Das erste kam Anfang Mai heraus. Ein Schweizer Journalist dürfte binnen einer Woche einen Corona-Roman geschrieben haben. Keine Ahnung, wie der das gemacht hat. Hat es euch bisher gereizt, über Corona zu schreiben?

E: Gar nicht.

P: Nein.

B: Nein.

K: Okay, ich gestehe: Ich schrieb vier Wochen lang über alle diese Paare in meinem Freundeskreis, die durchdrehten, weil die Traumhochzeit nicht stattfinden kann. Ich glaub, ich bin sogar auf 110 Seiten gekommen und dann habe ich alles gekübelt, weil es mir richtig peinlich war.

E: Hast du es gekübelt, weil du dir gedacht hast, dass es eine uninteressante Geschichte ist, oder weil es gerade so viele machen?

K: Beides, zum einen, weil ich das Gefühl hatte, dass das Genre explodieren wird und ich nicht machen will, was alle machen und zweitens bin ich keine Journalistin. Ich kann nur über Dinge schreiben, die abgeschlossen sind, die nicht noch in der Entwicklung begriffen sind. Das war auch der Grund, warum ich mit euch darüber reden wollte, weil ich einfach merke, weil ich noch nicht verstehe, was gerade passiert. Außerdem verstecke ich mich seit Jahren vor einem Projekt, das ich schreiben möchte, aber wahnsinnig Recherche-intensiv ist, weil ich dafür Esperanto lernen muss. Das Corona-Buch war wahrscheinlich ein Versuch, das Lernen aufzuschieben. Was habt ihr denn in diesem Jahr gemacht?

P: Heftig geschrieben, zwei Bücher und ein Spiel mit 50 Rätselkarten.

K: Wäre das anders gewesen, wenn 2020 nicht 2020 gewesen wäre?

P: Nein, weil ich es ihnen schon vorher zugesagt habe.

E: Ich habe auch nichts anders gemacht, nur ein paar Vorträge wurden abgesagt.

K: Konntet ihr euch im Endeffekt mehr auf die Arbeit konzentrieren?

E: Ich war gerade in einer Intensivschreibphase und dachte, ich könnte mich viel besser aufs Buch konzentrieren, weil ich nicht 15 Mal zu Vorträgen nach Deutschland musste. Aber letztendlich konnte ich das nicht so gut, wie ich gedacht hätte, weil man durch die Sache schon ein bisschen abgelenkt war. Ich bin nach Jahren wieder jeden Abend vor der »Zeit im Bild« gesessen.

P: Ich habe am Anfang jede von den Pressekonferenzen angeschaut.

B: Ich hatte im März ein sechs Monate altes Baby und habe in einer absoluten Parallelwelt gelebt, das war herrlich. Ich war jeden Tag zehn Kilometer mit meiner Tochter spazieren. Ich glaube nicht, dass mein Leben ohne Corona anders gewesen wäre, dem Baby ist die Pandemie ja egal. Mich hat interessiert, wie sich die Stadt verändert.

K: Wer von euch hat Klopapier gehamstert?

B: Nein, null, weil ich gedacht habe: Was ist das für ein Blödsinn? Wenn es hart auf hart kommt, können wir alle duschen.

E: Eine Packung hat man meistens eh zu Hause rumliegen, damit kommt man zumindest eine Zeit lang aus.

K: Mir ist tatsächlich an dem Tag das Klopapier ausgegangen und das war eine bittere Situation. Andere Frage: wie ist denn das mit der Einsamkeit? Wir haben ja alle keinen Job, der uns zwingt, mit anderen Menschen zu verkehren und jetzt sind meine sozialen Kontakte wirklich wenig geworden. Wie geht es euch damit?

E: Klar, während dem Lockdown war das sehr reduziert, aber in dem Augenblick, wo es wieder aufgegangen ist, war ich schon zwei Wochen weg und dann haben wir wieder ein normales Leben aufgenommen. Das einzige, was ich halt nicht mache, ist, Vorträge zu halten und dann mit irgendwem an der Bar herumzuhängen, aber Freunde treffen hat sich bei mir nicht wirklich geändert.

P: Mir ist aufgefallen, dass man immer mit denselben Leuten redet, man hat die Familie und dann vielleicht zwei Freunde, mit denen man »whatsappt« und regelmäßig Kontakt hat. Mir ist aber aufgefallen, dass nach zwei Wochen, die Alltagsgespräche weg waren. Dass man sich mit Leuten, die man nicht kennt, kurz unterhält. Irgendwas fehlt mir da im normalen Umgang mit Menschen.

B: Am Beginn war die große Angst, man sprach kaum mit Leuten, eine Höflichkeit aus Nichtwissen, wie gefährlich das ist. Als es hieß, Babys seien Virenschleudern, versteckten sich Menschen in Hauseingängen, wenn wir vorübergingen. Andererseits kommt man mit Menschen ganz anders ins Gespräch, wenn man zum Beispiel älteren

Leuten was vom Einkaufen mitbringt. Meine Nachbarn waren so dankbar und glücklich. Aber diese Solidarität war ziemlich schnell wieder verflogen.

K: Bei mir im Haus wars genau das Gegenteil, wir haben einen Nachbarn, der hat schon seit Jahren das Hobby, aus dem Fenster zu schauen, ob jemand sich kurz auf seinen Parkplatz stellt, und dann sofort die Polizei zu rufen. Der hat sich im Lockdown ein anderes Hobby angewöhnt, er steht den ganzen Tag vor dem Billa und beschimpft die Eltern, wenn sich Kinder an die Maske greifen. Der lebt dafür! Wir haben ja den Donaukanal vor der Haustüre, viele junge Leute oder Familien, die auf beengten Verhältnissen leben, gehen dort spazieren. Die Wiener Blockwarte riefen die Polizei, aber es ist trotzdem immer mehr geworden. Bald sah man sogar Fahrräder mit den Kühltaschen, die Bier verkauften, und am Schluss gab es fliegende Händler, die Aperol Spritz, Gin Tonic, Zigaretten und Knabberzeugs verkauften. Unglaublich, wie schnell ein eigener Wirtschaftszweig entstand.

E: Diese Situation funktioniert ja als Brennglas und Verstärker, nicht?

B: Das war am Anfang auch meine These, dass man in so einer Situation noch einmal verstärkt sieht, wie jemand ist. Absolut interessant war, dass ich bis vor Corona zu 95 % voraussagen konnte, wie die Leute auf politische Ereignisse reagieren. Bei Corona war das plötzlich komplett anders, komplett andere Zugangsweisen, komplett andere Positionierungen.

E: Es hat sich auch verstärkt, was man in den letzten Jahren speziell in den sozialen Medien und in den ganzen öffentlichen Diskursen mitgekriegt hat: Dass die extreme Unhöflichkeit, die hier Platz gefunden hat, stärker wurde und dass sich manche Leute, vielleicht aus Frust, getraut haben, alles rauszulassen, was sie sich bis dahin nicht getraut haben. Die Leute werden unberechenbar, sie verlieren die Nerven oder denken, dass ihre Zeit gekommen ist, weil es jetzt eh schon egal ist.

P: Es war auch spannend zu sehen, was für ein riesengroßes Publikum man für Verschwörungstheorien gewinnen kann. Ich denk mir immer: Die richtig guten Romanplots sind die von den Verschwörungstheorien.

E: Bei vielen Menschen weiß man ja, dass die nicht erst jetzt plötzlich Verschwörungstheoretiker werden, die waren das immer schon, nur jetzt trauen sie sich plötzlich. Das ist noch einmal ein Schub mehr, diesem ganzen Müll zuhören zu wollen.

K: Ich habe beobachtet, dass da viel Einsamkeit ist und eine gewisse ökonomische Verzweiflung, weil die Krise ein Brennglas ist, sie verstärkt alles. Die vorher schon Schwierigkeiten hatten, durchzukommen, kommen jetzt gar nicht mehr durch, die vorher schon einsam waren, sind jetzt sehr einsam.

E: Die, die vorher schon reich waren, sind jetzt noch reicher.

B: Aber das ist es nicht nur, das betrifft auch AfD-Wähler, Trump-Wähler, etc., und das sind ja nicht immer nur arme Leute. Im Gegenteil, das hat andere Motive. Das Problem ist ja nicht, dass Menschen irgendei-

nen Schwachsinn glauben, sondern dass sie ihn glauben wollen.

P: Ich glaube, das sind Menschen, die eine Erklärung suchen oder einen Schuldigen haben wollen.

K: Mir ist noch was anderes aufgefallen: Ganz oft sind Leute, die für diese Theorien zugänglich sind, diejenigen, die uns noch vor ein paar Jahren erklärt haben, sie könnten auch Bücher schreiben, wenn sie wollten. Bzw. ihre Lebensgeschichte wäre Stoff für zehn Romane. Mir scheint: Es hat etwas zu tun mit der gefühlten Bedeutung des eigenen Ichs.

E: Die Ich-Zentrierung ist da sicher ganz wichtig. Man will in der Gesellschaft eine Stimme haben, die man im Leben nicht hat. Und dann vertritt man obskure Ideen.

B: Das ist ein heikles Gebiet, das stimmt auf der einen Seite, aber auf der anderen Seite sollte man auch eine eigene Meinung haben dürfen. Es ist auch ein großes Problem, dass man dann sehr schnell als Verschwörungstheoretiker abgestempelt wird. Jede Verschwörungstheorie hat einen Kern von Wahrheit. Sonst würde sie nicht funktionieren.

P: Verschwörungstheorie wird über alles darübergestülpt, was einem nicht passt? Ich glaube, es braucht schon gewisse Parameter, damit es sich als Verschwörungstheorie qualifiziert.

B: Wenn es aber zum einzigen großen Abwertungsbegriff wird, zurecht oder zu Unrecht, ist das schon problematisch. Natürlich ist vieles davon kompletter Blödsinn.

K: Ihr habt beide dieses Jahr ein Buch herausgebracht, habt ihr dabei die Krise bemerkt?

B: Lesungen sind weniger, aber immerhin gibt es noch Veranstaltungen, nur kann in der Regel bloß ein Drittel der Leute kommen, die sonst kommen könnten.

P: Mein Buch ist tatsächlich eine Woche, bevor die Buchhandlungen zugesperrt haben, erschienen. Das Timing war ganz großartig. Mit den Zahlen ist es immer noch einigermaßen gegangen, aber man spürts auf jeden Fall. Die Leute haben halt völlig andere Sachen gekauft und nicht einen Krimi, der auf einem Friedhof spielt.

K: Mein Buch, das schon ein Jahr alt ist, wurde dafür im Frühjahr relativ häufig gekauft. Ich habe in den Buchhandlungen nachgefragt, und die haben mir erzählt, dass sie totale Probleme damit haben, Neuerscheinungen zu verkaufen. Die Leute haben eher das gekauft, was sie schon kennen, was ihnen jemand empfohlen hat. Das ist ein Sicherheitsdenken.

E: Man möchte wohl lieber etwas Vertrautes nehmen in so einer Zeit, etwas, das sich schon ein bisschen bewährt hat. Abenteuer sind eh grade genug, da braucht man nicht auch noch ein neues Buch, wo man nicht weiß …

K: Ich hatte in der Zeit des Lockdowns drei Interviewanfragen zum Thema: »Frau Kaiser, wie arbeitet man zu Hause?«

P: Das fand ich auch so lustig! Wie geht's Ihnen jetzt, was hat sich an Ihrem Arbeitsalltag verändert?

E: Bei den Interviews, die bei mir auch zum Teil reinkamen, war das immer eine Frage. Da fragt man sich natürlich schon, ob der jetzt mitdenkt. Das liegt aber vielleicht daran, dass man nach wie vor ein komisches Bild von uns Autorinnen und Autoren hat. Nichten und Neffen von mir, die noch nicht im Berufsleben stehen, haben Jahre lang nicht verstanden, was ich eigentlich mache. Arbeiten kann man nur im Büro, weil alle Eltern und die Eltern im Umfeld das so machen. In der Sicht der Leute ist außerdem jeder, der ein Buch veröffentlicht hat, Millionär.

B: Bei mir ist das eher umgekehrt: Jeder, der ein Buch veröffentlicht hat, ist ein armer Schlucker.

K: Wird sich denn die Literatur durch dieses Jahr ändern, beziehungsweise der Literaturmarkt? Was die Leute schreiben, wer schreibt? Wird sich unsere kleine Insel der Seligen ändern oder wird es nach nächstem Jahr wieder so werden, wie es immer war?

E: Die Langzeitfolgen bleiben abzuwarten, und wenn die Wirtschaft jetzt noch einmal zusammenbröckelt, kann das schon noch einmal einiges bewegen. Was dann passiert, wissen wir nicht so recht. Dann könnte für vieles alles noch existenzieller schwierig werden. Was ich mich gefragt habe, ist: Was bedeutet Literatur zum Beispiel für eine Kriegsgeneration und für heutige Leser? Was ist da der Unterschied? Was für eine Literatur schreibt man für Leute, die nie Extremsituationen erlebt haben? Wir alle haben immer nur Überfluss und Wohlstand erlebt und erleben jetzt zum ersten Mal so etwas wie ein bisschen eine Krise. Da wird vielleicht interessant, ob sich etwas verändern wird, wobei ich nicht sagen könnte, was. Was für Bücher wollten Leute lesen, die den Zweiten Weltkrieg erlebt haben? Ob das nicht andere Bücher waren, als das, was unsere Generation lesen wollte, weil sie solche existenziellen Erfahrungen nie gemacht hat? Wenn es da einen Unterschied gibt, vielleicht kommt der wieder ein bisschen raus. Aber ich würde, wie gesagt, nicht wissen, was das dann wird.

P: Ich hatte eine uralte Großmutter, die zwei Weltkriege erlebt hat, und die wollte immer nur lustige Sachen im Kino sehen. In Krisen- und Kriegszeiten hatte man immer diese heile Welt, speziell von Filmen.

B: Das war damals anders als heute. Es war eine scharfe Trennung zwischen E und U, zwischen Unterhaltung und dem Wertvollen. Wir wollen nicht daran erinnert werden, wir wollen lachen, wir wollen Romanzen.

E: Natürlich gab es auch »Draußen vor der Tür«.

B: Aber das waren zwei voneinander getrennte Welten.

P: Ich glaube, da spielt so viel rein, dass ich eine Prognose irrsinnig schwierig finde.

E: Ich würde aber nicht sagen, dass es sein wird wie nach dem Zweiten Weltkrieg, sondern dass wir vielleicht wieder ein anderes Publikum erreichen können, mit dem Zweiten Weltkrieg kann man das natürlich nicht vergleichen. Es ist ja etwas völlig anderes, ob du ausgehungert in einer kaputten Stadt sitzt oder in einem Lockdown, in dem es in Wahrheit drei Vierteln der Bevölkerung immer noch ziemlich gut geht. Wenn man Leute sucht, denen es dreckig geht, dann schau nach Moria. Das ist eine Krise, eine der eigentlichen Krisen unserer Zeit, dass hier Leute behaupten, unser Land könnten nicht ein paar 100 Kinder aufnehmen.

P: Wenn man das ganze Emotionale rausnimmt, finde ich es extrem interessant, zu sehen, was Leute als unzumutbar empfinden, nämlich sich in der U-Bahn eine Maske aufzusetzen. Dass es ihnen aber völlig egal ist, wenn Flüchtlinge im Mittelmeer ertrinken oder im Gatsch versinken in Moria. Das ist so interessant, wie unterschiedlich Maßstäbe angelegt werden, sobald es dich selbst betrifft.

B: Ganz klassisch, wie am Anfang, es gibt kein Klopapier mehr, es gibt keine Pasta mehr oder nur noch bestimmte Sorten, die sonst nicht gekauft werden, und viele Menschen finden das unglaublich arg, was für den Großteil der Weltbevölkerung ganz normal ist oder sogar ein Luxusangebot wäre.

E: Das meine ich ja: Wir leben nach wie vor in keiner echten Krise, es ist schon eine Krise, aber sie ist nicht vergleichbar mit Krisen, die wir in Wahrheit ganz woanders sehen. Aber die Frage ist letztendlich, ob das etwas machen wird mit der Literatur. Ich glaube sowieso, dass Literatur ein aussterbendes Ding ist.

P: Ich glaube nicht, dass sie aussterben wird, ich glaube, es wird sich ausdünnen.

E: Aussterben ist übertrieben, aber es wird dünner werden. Die Konkurrenz ist so attraktiv und so groß. Wenn ich da draußen 1000 Streamingdienste habe, die mir jeden Tag jeweils fünf neue Serien vor die Nase setzen, warum soll ich dann noch ein Buch lesen?

K: Wobei wir da ja gerade in den nächsten zwei Jahren einen ziemlichen Startvorteil kriegen, weil die meisten nicht drehen konnten oder drehen können. Auf die Dauer wird das aber nichts ändern.

E: In der Buchbranche gibt es ja dasselbe Problem. Es wird momentan so gut wie nichts mehr angeboten. Einerseits könnten die Verlage ein sehr gutes Jahr haben, aber gleichzeitig dünnen sie ihre Programme aus. Das heißt, die Konkurrenz wird zwar vielleicht momentan geringer durch die anderen Angebote, andererseits möchte man momentan auch kein Debütant sein. Das ist schon einmal ein Ausdünnungssymptom.

P: Ich glaube aber, es liegt auch daran, dass sie die jetzt einfach zurückgestellt haben und gesagt haben: Nein, nicht jetzt! Weil ja das Frühjahrsprogramm sehr zurückgestaut hat. Ich glaube, dass es daran liegt und dass sich das dann wieder einpegeln wird.

K: Ein bisschen Sorge macht mir das Gefühl, dass in der Buchbranche gerade ein Generationenwechsel passiert, mit einer gewissen Mutlosigkeit auf der Verlagsseite. Man merkt immer mehr, wie Verlage versuchen, immer alles richtig zu machen, auch auf der politischen Seite, also das ist zum Beispiel wirklich eine Sorge, die ich habe. Wenn ich beobachte, was Autoren und Autorinnen vorgeworfen wird bei einem falschen Satz.

P: Ich glaube tatsächlich, dass wir in einer Art Umbruchszeit leben, weil sich die Gräben immer weiter aufmachen zwischen wohlhabend, nicht wohlhabend, gebildet, ungebildet, rechts und links. Ich glaube, dass das immer weiter auseinanderklafft und dass man jetzt merkt, dass Gespräche zwischen politisch unterschiedlich gepolten Menschen fast nicht mehr möglich sind. Wenn ich zum Beispiel zufällig mit FPÖ-Wählern an einem Tisch sitze, gehen bei mir, und das tut mir dann fast schon Leid, die Jalousien runter, weil ich mir dann denke, wenn man einigermaßen Hirn im Kopf hat, kann man das nicht, das geht nicht, die können mir auch keine Argumente bringen, die in mir Verständnis auslösen würden. Und umgekehrt wahrscheinlich auch. Ich glaube, das war vor 10 Jahren noch nicht so. Ich glaube, die Gräben gehen weiter auf und auch diese Verschwörungstheorien wären zwar vor zehn Jahren irgendwo auf fruchtbaren Boden gefallen, aber nicht so breit.

E: Naja, 9/11 hat schon auch ziemlich viele herausgelockt, ich kann mich erinnern, was ich für Diskussionen hatte mit Leuten, die ich bis zu diesem Zeitpunkt für ziemlich vernünftig und gescheit hielt. Da sind wir wieder beim Parameter für eine Verschwörungstheorie. Wie das haarklein aufgezogen wird, diese Leute machen sich ja auch viel Mühe. Diese Gräben, die aufgehen, nehme ich jetzt schon auch wahr, aber ich erlebe dasselbe wie vor 30 Jahren beispielsweise bei Diskussionen um Haider. Den haben damals schon irgendwelche Verwandten gewählt und dann hat man einfach beschlossen, diese Diskussionen nicht zu führen. Das hat keinen Sinn, vor allem mit Leuten, mit denen du weiterhin Kontakt haben willst oder musst, weil es deine Verwandten sind. Dann sprichst du das einfach nicht mehr an.

P: Früher gab es lauter politikmüde Menschen und jetzt lauter Leute, die extrem politisiert sind, viel mehr Leute, die eine politische Meinung haben.

K: Ich glaube tatsächlich, dass es immer diese Fronten gab. Dass wir es nur wirklich verlernt haben, in der man nachher noch miteinander Mittagessen gehen konnte. Heute hat man eine Harmoniepädagogik. Auseinandersetzungen werden krampfhaft vermieden.

P: Unter Freunden geht die Streitkultur noch, unter Fremden nicht mehr.

B: Heute muss man als Medium unabhängig sein, ob das stimmt oder nicht, ist eine ganz andere Frage. Früher gab's die »Arbeiterzeitung« und das konservative Pendant, dann war das vorbei. Jetzt ist man nur mehr abhängig von denen, die ökonomisch dahinterstehen und das Medium besitzen und damit Rendite erzielen wollen. Und jetzt kommt durch Social Media die Parteipresse auf eine ganz andere Weise wieder zurück.

E: Das ist zwangsläufig wahrscheinlich ein neues Phänomen, da heute jeder mit jedem kommunizieren kann. Diese Anonymität gab es früher nicht. Die Frage ist jetzt: Wie weit diffundiert das eigentlich in die Realität hinein, dass man jetzt die Möglichkeit hat, relativ ungestraft medial jemanden anzugreifen. Das hat man früher nämlich auch getan, nur am Stammtisch oder am Dorfplatz. Nur halt nicht in der Breite. Ich bin nicht ganz sicher, ob es so etwas anderes ist als früher. Die Skalierung ist eine ganz an-

Die Wiener Autorin Vea Kaiser bittet regelmäßig Kolleginnen und Kollegen ins *Ristorante Rossini*, um aktuelle Probleme und Entwicklungen der Literaturwelt zu diskutieren. Das vorliegende Gespräch fand im Oktober 2020 statt und wurde für die *allmende* von Dorothea Sichrovsky verschriftlicht.

dere, aber die Mechanismen sind eigentlich dieselben.

B: Die ersten großen politischen Diskussionen meines Lebens hatte ich so mit 16, 17 unter Freunden. Die Frage auf dem Land, als die FPÖ groß wurde, war damals: Geht man zum Bundesheer oder nicht. Du bist ein Vaterlandsverräter, und wenn jemand deine Mutter oder Tochter vergewaltigen will, würdest du dann nicht mit der Waffe in der Hand … Das waren damals Diskussionen, die waren ernst, die waren unversöhnlich.

E: Der Unterschied ist vielleicht, dass man in dieser medialen Diskussion fast alle Schranken fallen lässt. Was macht man dann mit Menschen im persönlichen Umfeld, die, wenn man sich die Bemerkungen wegdenkt, eigentlich ganz nett sind?

P: Da ist es doch durchaus möglich, einen Nachmittag zu verbringen.

E: Es gibt immer noch einen ganz massiven Unterschied zwischen diesem online-Gezanke und dem persönlichen Kontakt. In dem Augenblick, wo du einem Menschen gegenüberstehst, würde ich sogar behaupten, dass man sich heute in den Diskussionen weniger den Schädel einschlägt, sondern lieber sagt: Dann gehen wir auf keinen Kaffee mehr.

K: Wir werden aber in jedem Fall weiterhin miteinander auf einen Kaffee gehen. Danke, dass Ihr Euch Zeit genommen habt.

VEA KAISER, geboren 1988 in St. Pölten, studierte Klassische Philologie (Schwerpunkt Altgriechische Dichtung) und veröffentlichte bisher drei Romane, zuletzt: *Rückwärtswalzer* oder *Die Manen der Familie Prischinger* (2019). **www.veakaiser.de**

CLEMENS BERGER, geboren 1979 in Güssing, studierte Philosophie und Publizistik. Er veröffentlichte zahlreiche Erzählungsbände, Essays, Theaterstücke und sechs Romane, kürzlich erschien sein Roman *Der Präsident* (2020). **www.clemensberger.at**

MARS ELSBERG, geboren 1967 in Wien, zählt seit seinem 2012 erschienen Thriller *Blackout. Morgen ist es zu spät* zu den meist verkauften deutschsprachigen Autoren. Zuletzt erschien der Thriller *Gier – Wie weit würdest du gehen?* (2019). **www.marcelsberg.com**

URSULA POZNANSKI, geboren 1968 in Wien, schrieb zahlreiche Kinder- und Jugendbücher, die bei den Leser*innen euphorische Begeisterung auslösen. Zuletzt erschienen der Thriller *Vanitas. Grau wie Asche* und die Dystopie *Cryptos* (2020). **www.ursula-poznanski.de**

JAN WAGNER

de vita caroli quarti

»Herr, steht auf, der jüngste Tag bricht an,
denn die ganze Welt ist voller Heuschrecken!«

wir ritten bis nach pulkau, um das ende
der welt nicht zu verpassen, und schon mittags
fiel nacht auf uns herab – als würde
alles was ist in einen sack gesteckt,
verschnürt. von fernher drang das fiepen
der glocken aus den dörfern zu uns durch.

ein lärm, der jedes selbstgespräch
erstickte, jedes stoßgebet, ein tosen,
ein schwarzer schneesturm, selbst als schon ein teil
gelandet war (wenngleich der himmel
nicht wiederkehrte) – wie das kratzen
von tausenden von federn auf papier,
ein rasendes skriptorium. die pferde,
bis zu den knien in insekten, wiehernd,
und diese selbst ein staunenswertes uhrwerk
dem hunger, eine gierige mechanik.
wir standen ratlos da,
jeder von uns geplündert wie ein rom.

ob da noch vögel waren? keine vögel,
kaum licht. und jedes schwein und jeder köter,
der sie zu fressen wagte, in sich aufnahm,
krepierte binnen stunden.

drei jahre wird es gehen.
drei jahre mit dem krachenden harsch
von flügeln unter den füßen und von panzern,
die ganze schöpfung gegen uns gerüstet,
ein lebendes kettenhemd auf jedem
feld, herr. sie vermehren sich des nachts
wie dunkle wünsche, unnatürliche
gedanken; wir erheben uns am morgen,
kahl wie die erde, wie geschändet, herr.

JAN WAGNER, geboren 1971 in Hamburg, studierte Anglistik in Hamburg, Dublin und Berlin. Sein erster Gedichtband erschien 2001. Im gleichen Jahr wurde er mit dem Hermann Hesse Förderpreis ausgezeichnet. Für seinen Gedichtband *Regentonnenvariationen* wurde er mit dem Preis der Leipziger Buchmesse (2015) geehrt. Mit dem Büchner-Preis 2017 erhielt der Essayist, Herausgeber, Übersetzer und Lyriker Jan Wagner die angesehenste Auszeichnung der deutschsprachigen Literatur. 2018 erschien von ihm *Die Live Butterfly Show*. Zusammen mit Tristan Marquardt publizierte er die Minnesang-Anthologie *Unmögliche Liebe* (2017), zusammen mit Federico Italiano die Anthologie *Grand Tour. Reisen durch die junge Lyrik Europas* (2019). Seit 1995 lebt Jan Wagner in Berlin.

www.jan-wagner-lyrik.de

BERNHARD PÖRKSEN

Zivilisationstest

Die Corona-Krise liefert Antworten auf die Zukunftsfrage der Menschheit: Wie lernen Kulturen? Ein Essay*

Was geschieht eigentlich gerade, jetzt, im Moment einer vor sich hin rasenden Gegenwart? Wie ist die Stimmung, das Lebensgefühl? Vor einigen Jahren schrieb die Journalistin Iris Radisch über den Schriftsteller Walter Kempowski einen bemerkenswerten Essay, der geeignet ist, die aktuelle Situation schlagartig zu erhellen. »Walter Kempowski saß 1948 hungrig und beschmutzt in einem Güterwaggon, der ihn, von einem sowjetischen Militärgericht zu 25 Jahren Zwangsarbeit verurteilt, nach Bautzen bringen sollte«, so war hier zu lesen. »Bei einem Halt beobachtet er durch eine Ritze im Bretterverschlag ein spazierendes Ehepaar, sie im Blümchenkleid, er in Knickerbockern, sorglos im Sonnenschein. Das hat ihm den Schock von der Gleichzeitigkeit des Unvereinbaren versetzt. Wie viel Glück und Unglück, Harmloses und Tragisches, Lebensbedrohendes und Idyllisches stapeln sich in jeder Weltsekunde aufeinander!«

Diesen Schock von der Gleichzeitigkeit des Unvereinbaren erleben wir heute. Alles ist gleichzeitig sichtbar, rivalisiert auf ein und demselben Kommunikationskanal. Die seriöse Information in Form der täglichen Drosten-Dosis. Die irrwitzige Verschwörungstheorie. Die bemühte Positiv-Meldung. Die Horrorgeschichte von den reichen Russen, die ihren Landsleuten prophylaktisch und ohne Not die Beatmungsgeräte wegkaufen. Bilder ignoranter Sorglosigkeit von einer Corona-Party mit herum albernden Schülern. Die Drohkurve der aktuellen Infektionsraten. Der 1000. Infizierte hier, der erste Todesfall dort ... Und man hört, kaum ist man für einen Moment offline und das Fenster auf, die Vögel, die vor sich hin zwitschern, als wäre nichts geschehen. Wir sind, weltweit vernetzt und verbunden, in ein Universum greller Kontraste hinein gestürzt. Alles könnte jetzt passieren, so scheint es. – Und regiert nicht längst eine Expertokratie von Virologen? Driften wir in einem Ausnahmezustand ohne klar fixierbaren Endpunkt? Ist die Zeit einer westlichen Arroganz vorbei, weil asiatische Diktaturen (China) und Demokratien (Taiwan, Südkorea) vorführen, wie effektiv sich mit Hilfe des Einsatzes moderner Tracking- und Test-Technologien eine Pandemie bekämpfen lässt? Ist Europa gescheitert, weil die Grenzen längst dicht sind und sich ein Viktor Orban endgültig als Autokrat entpuppt? Die Antwort lautet, dass sich die Zukunftsgewissheit ganzer Gesellschaften über Nacht aufgelöst hat. Wir erleben im Großen wie im Kleinen in der Corona-Krise ein existenzielles Sozialexperiment und einen Systemwettkampf, ein Ringen um Menschenbilder, Mündigkeitsideale und Weltanschauungen im Spannungsfeld von nationalem Egoismus und globaler Solidarität, von Freiheit und Sicherheit, von humaner Orientierung, ökonomischer Vernunft und kalt kalkulierendem Nützlichkeitsdenken. Dieser Systemwettkampf wird eines Tages, wenn die Pandemie eingedämmt ist, aber Teile der Weltwirtschaft womöglich in Trümmern liegen, empirisch entscheidbar sein. Kurzum: Es ist ein Zivilisationstest, der liberale Demokratien derzeit im Innersten erschüttert. Und der die vielen Einzelnen, aus denen eine Gesellschaft besteht, herausfordert. – Wessen Geschichte zählt, welche wird bleiben? Die des Hausbesitzers aus dem Saarland, der anbietet, im Falle von Einkommensverlusten auf ein paar Monatsmieten zu verzichten und der die Briefe mit diesem Angebot unter den Türen seiner Mieter hindurch schiebt? Oder der Bericht über den Diebstahl von Desinfektionsmitteln und Atemschutzmasken aus einer Kinderkrebsstation in Berlin? Was ist von all dem, was sich an Schönheit und Schrecken offenbart, repräsentativ?

Es ist die Transparenz der Differenz und die Gleichzeitigkeit des Unvereinbaren, die jedes vorschnelle Urteil über die Bilanz der aktuellen Krise im Moment als Selbstauskunft und Wunschdenken entlarvt. Und doch: Wir erleben im Augenblick auch, wie atemberaubend beweglich, wie reaktionsschnell und transformationsbereit Menschen sein können. – Wann hat es das je gegeben? Neue Begrüßungsrituale werden blitzschnell gelernt, Arbeitsformen in Schulen, Unternehmen und Universitäten in Hochgeschwindigkeit revidiert und modernisiert, nötige Formen des Verzichts in der Breite der Gesellschaft akzeptiert. Und im Netz explodiert die künstlerische Kreativität zu einem Fest live gestreamter Gratis-Konzerte, die die Musik als ein Medium der Völkerverständigung erfahrbar machen. Alle lernen im Moment dazu. Journalisten brechen mit den überkommenen Routinen des totalen Negativismus, liefern Tipps und Hinweise zur Alltagsorganisation. Sie tarieren das Verhältnis von Kritik und Ermutigung neu aus und hören auf, schrille Provokateure und Bullshitter zu feiern, die einfach nur gute Talkshowquoten versprechen. Suchmaschinen- und Plattformbetreiber haben von einem Moment auf den anderen ihre Neutralitätsidelogie aufgegeben, die ohnehin schon immer eine ziemliche Farce war. Sie wollen nun Menschenleben retten und verstecken sich nicht mehr hinter einem falsch verstandenen Ideal von Meinungsfreiheit. Noch nie in ihrer noch jungen Geschichte haben *Google*, *Twitter* und *Facebook* mit dieser Entschiedenheit und dieser Energie gegen Desinformation gekämpft, Fake-News gelöscht und Schwachsinn algorithmisch unterdrückt. Und in Teilen der Gesellschaft, die gerade noch offen waren für die Versuchungen des Populismus, kehrt das Realitäts- und Rationalitätsprinzip des Diskurses mit Macht zurück. Auch eine fahrlässige Politik- und Staatsverachtung scheint Vergangenheit – wer wollte jetzt noch behaupten, dass das freie Spiel der Marktkräfte doch alles viel besser regeln könnte?

Die Frage ist jedoch, ob solche Lerneffekte nachhaltig sind und was diesen Krisenfall überhaupt derart resonanzfähig macht. Welche zündenden Elemente sind hier wirksam, die die Vorstellungs- und Handlungskraft mobilisieren? Was hat die Corona-Katastrophe, was – sagen wir – die Flüchtlingskrise, der Skandal der anlasslosen Massenüberwachung durch die USA und Großbritannien oder aber der Klimawandel *nicht* besitzen? Die Flüchtlingskrise handelte und handelt von »den anderen«, den Fremden, deren Leid man entweder lindern möchte oder aber deren Siechtum und Sterben man lieber vor die Tore Europas verbannen will. Hier fehlt das Element der persönlichen Betroffenheit. Im Falle des Überwachungsskandals war das ganze Geschehen zu abstrakt für das Fassungsvermögen des Menschen. Hier bildete sich keine emotional aufwühlende Ikonographie heraus, die den Schrecken des Ausgespähtwerdens eingängig verdichtete. Man sah blinkende Server, grünlich flackernde Chatprotokolle auf schwarzen Monitoren und bekam immer neue, seltsam klingende Namen von Überwachungs- und Spähprogrammen präsentiert, aber kein unmittelbar wirksames oder gar erschütterndes Bild eines Opfers. Die Zukunfts- und Menschheitsfrage des Klimawandels ist hingegen gleich aus verschiedenen Gründen zu komplex, um vergleichbare Erkenntniseffekte und ein kollektives Lernen auszulösen. Eben in dieser kognitiven Überforderung liegt ihre tatsächlich existenzgefährdende Dramatik. Sie ist, erstens, multikausal; das heißt, es gibt nicht die eine Ursache, die sich mit ein paar Verhaltensänderungen auf der Mikroebene des Individuums behandeln ließen. Sie schleicht, zweitens, in dröger, medial schwer verwertbarer Allmählichkeit voran. Ihr fehlt das Momentum der totalen Plötzlichkeit, das aufschreckt und die unmittelbare Reaktion erzwingt, und man weiß nicht, ob sie je zu einem Ende gelangt. Und wir sind, drittens, durch den Klimawandel zwar alle gegenwärtig und zukünftig betroffen, aber eben nicht gleichermaßen gefährdet. Während manche Inseln und Städte schlicht im Meer verschwinden werden, existieren längst Schutzoasen für Superreiche, die sich beispielsweise ihr Weltuntergangsversteck in Neuseeland gebaut haben (weshalb die neuseeländische Regierung 2018 die Immobiliengesetzgebung zum Schutz der einheimischen Bevölkerung und zur Eindämmung der explodierenden Preise änderte).

Die Corona-Katastrophe wirkt demgegenüber und im Vergleich wie eine idealtypische Gefahrenkombination mit maximaler Mobilisierungskraft. Sie ist von dramatischer Unmittelbarkeit und egalisierender Radikalität, erfasst sie doch den Präsidenten einer Weltmacht genauso wie die Putzfrau von nebenan. Das Virus ist demokratisch, nicht hierarchisch, und alle sind betroffen, unabhängig von persönlicher Macht und gesellschaftlichem Status. Es gibt die Schockvideos sterbender Opfer aus Wuhan, die in Aufruhr versetzen. Es gibt die *eine* Ursache, den Akt der Infektion und das Versprechen zeitlicher Befristung und einer Rückkehr zur Normalität; der Kampf gegen die Pandemie dauert, so nimmt man an, vielleicht noch ein paar Monate oder ein Jahr, aber nicht ewig. Und es gibt – trotz der globalen Größe des Geschehens – die persönlich-private Handlungsmöglichkeit mit klarem Wirksamkeitsversprechen (vom Händewaschen bis zur selbstverordneten Quarantäne).

Das bedeutet zum einen, dass die Corona-Krise derart transformativ wirkt, weil sie zu den menschlichen Angstreflexen und Wahrnehmungsmustern passt. Sie handelt ganz direkt von der Gefahr für das eigene Leben und das der Nächsten, nicht primär vom Überleben der anderen oder der menschlichen Spezies insgesamt. Zum anderen heißt dies aber auch, dass sich weniger leicht zu verarbeitende Krisen mit noch größeren Risiken (wie eben der menschengemachte Klimawandel) als existenziell entscheidender Testfall begreifen lassen: Wird es gelingen, dass Menschen ihr Vorstellungsvermögen so radikal erweitern und ihre prognostische und systemische Intelligenz derart schulen, dass sie irgendwann unabhängig von der kurzfristigen persönlichen Gefährdung agieren? Können sich Gesellschaften und Kulturen von der Katastrophendidaktik des unmittelbar erfahrbaren Schreckens lösen? Der Kybernetiker Heinz von Foerster, ein früher Protagonist des systemischen Denkens, hätte gesagt: Das ist der klassische Fall einer unentscheidbaren Frage. Zur Illustration: Ist die Zahl 2024 durch zwei teilbar? Darf man Lippenstifte klauen? Ist der Satz »Ich habe fertig!« grammatikalisch korrekt? Das sind entscheidbare Fragen, die sich mit Hilfe der Mathematik und durch den Blick in einen Gesetzestext oder ein Grammatikbuch klären lassen. – Aber kommen wir in guter, solidarischer Weise durch diese Krise und durch jene zukünftigen Krisen, die unser Vorstellungsvermögen so radikal überschreiten? Und wie wollen wir künftig leben? Darüber müssen wir jetzt reden und streiten, denn die Antworten sind in keinem allgemein akzeptierten Regelbuch fixiert. Die Pointe des Gedankenspiels von Heinz von Foerster besteht in einer fundamentalen Einsicht, die da heißt: Unentscheidbare Fragen müssen *wir* entscheiden. Und es ist an uns, diese Entscheidung zu treffen, verdammt zur Freiheit und zur Verantwortung, die einem niemand abnehmen kann. Der persönliche und politische Zivilisationstest in einer Atmosphäre der totalen Gleichzeitigkeit und in einem offenen Möglichkeitsraum hat längst begonnen, jetzt, in diesem Moment.

* Der hier publizierte Text geht auf einen Artikel im *Spiegel* (Nr. 14 vom 28.03.2020) zurück.

BERNHARD PÖRKSEN, geboren 1969, studierte Germanistik, Journalistik und Biologie in Hamburg. 1999 wurde er mit einer Arbeit über die Medien und die Sprache von Rechtsextremisten promoviert. Mit Schriften über ›Konstruktivistische Erkenntnistheorie und mediale Praxis‹ wurde er 2007 für Kommunikations- und Medienwissenschaft an der Universität Hamburg habilitiert. Seit 2008 ist er Professor für Medienwissenschaft an der Universität Tübingen. Er ist bekannt durch seine Arbeiten zur Skandalforschung sowie seine Bücher mit dem Kybernetiker Heinz von Foerster und dem Psychologen Friedemann Schulz von Thun. Neben zahlreichen akademischen Arbeiten veröffentlicht er regelmäßig Essays in unterschiedlichen Medien, darunter in Tageszeitungen wie *Die Süddeutsche Zeitung*, in Wochenzeitungen wie *Die Zeit* sowie in Magazinen wie *Der Spiegel* – auch im Netz. 2018 erschien *Die große Gereiztheit. Wege aus der kollektiven Erregung.* Kürzlich veröffentlichte er gemeinsam mit Friedemann Schulz von Thun *Die Kunst des Miteinander-Redens. Über den Dialog in Gesellschaft und Politik* (2020) Bernhard Pörksen ist 2020 Fellow im Thomas Mann House (Los Angeles). **www.uni-tuebingen.de**

MARLENE STREERUWITZ

»zurück bei Büchner.«

Es sind wohl solche Ereignisse wie die Pandemie durch den Covid-19 Coronavirus, die die Zeit selbst zum Vorschein bringen. Und. Ob sie sich nun wendet oder doch eher kippt. Und. Vorschein ist hier örtlich wörtlich gemeint. Die Zeit tritt in Erscheinung. Die Zeit bringt sich zur Erscheinung. Die Zeit ist mit einem Mal nicht mehr der selbstverständliche Strom eines Dahin. Ein Dahin ist das, in das zurückgelegt, der Zeit zugesehen werden konnte. Die selbstverständliche Vorstellung dieser Bewegung. Es war ja der immerwährende Schlag unserer Herzen, der uns diese Selbstverständlichkeit erlaubte. Und in jedem der immerwährenden Schläge war die Erwartung des nächsten Schlags beschlossen. Zukunft war das. So dachten wir. Zukunft sei ebenso selbstverständlich wie das Funktionieren dieses Herzschlags. Dachten wir. Ein Ende irgendwo vorne. Nach vorne gedacht in dieser Örtlichkeit der Zeit.

Der Ort der Zeit. Das ist die Sprache. Literatur ist dann der besondere Ort der Zeitlichkeit. Und. Es ist eine ästhetische Entscheidung, wie dieser Ort gedacht wird. Ungebrochen in diesem Nach-Vorne-Denken aufgehoben. Oder. Im Unterbrechen des Stroms vollkommen vollkommene Gegenwart.

Wenn die Frage gestellt wird, ob das Projekt der Moderne zu seinem Ende gekommen ist. Dann wird schon der erste Schritt in die Ungebrochenheit des ewigen Dahin gemacht. Diese Frage führt schon in die Vormoderne zurück. – Und das will diese Frage ja auch sehr oft. – Denn. Moderne. Das ist doch der Schritt aus der gegebenen Zeit heraus in die prekäre eigene Zeit.

Gegebene Zeit. Alle vormodernen Regimes hatten sich in den Besitz der christlicherweise gottgegebenen Zeit des Menschen gesetzt. Es war ein Privileg der Eliten, über die Zeit der anderen zu verfügen. Die Zeit der anderen zum Besitzstand der Eliten zu machen. Und. Alle Untertanen. Und die Frauen davon abgeleitet. Alle Untertanen waren in den Strom des Regiert-Werdens geordnet. Eingereiht. Gezwungen. Vernichtet. Eine so regierte Person hatte keine eigene Zeit.

Die eigene Zeit. Das ist das Abenteuer der Moderne. Das ist der Aufbruch in eine ungewisse Zukunft, die nicht mehr in der Hand von Regimes liegt. Der Vorgang der Eroberung der eigenen Zeit. Und damit der eigenen Gefühle. Der eigenen Lust. Empfindung und Wille. Das war das Projekt der Literatur des 18. und 19. Jahrhunderts. Das war ein Männlichkeitsprojekt. Es ging um den Bürger des aufgeklärten Staats, der zum Maschinisten in der Bürokratie und zum Söldner im Militär gebildet, im Staat gehorchen sollte. Nun hatte der zentralbürokratische Staat der Aufklärung sich im accord mit der Aristokratie in den Besitz der Zeit der Staatsbürger gebracht. Das Festsetzen der Revolutionäre in Festungshaft zu Beginn des 19. Jahrhunderts ist die Praxis dieses Besitzs. Der freidenken wollende Mann, der im Frei-Denken über seine Zeit selbst verfügt. Dieser Mann mußte ins Gefängnis. Seine Zeit wird vom Regime in Gefangenschaft genommen. Dieser Vorgang läuft weltweit. Weiterhin. Und. Dieser Vorgang tritt in je spezifischer Form auf. So ist in den USA der Waffenbesitz und das Waffentragen ein Symbol für die Selbstverfügung eines Teils der Bürger geworden. Es wird das Gewaltmonopol des Staats erneut ausgehandelt. Das ist ein historistischer Konflikt und erinnert an den Beginn der Emanzipation des Bürgers. Immer geht es um die Staatskonstruktion und wie dieser Staat über die Zeit des Bürgers verfügt. Die Frage des Wehrdiensts des jungen Manns als Initiation zum Bürger des Staats. – Und darin unterscheiden die Staaten sich. – In meinem Staat kann der junge Mann sich aus dieser Initation herausnehmen. Er nimmt aber damit einen Prestigeverlust in der Gesellschaft in Kauf und darf bis zu seinem 36sten Geburtstag keinen Waffenschein oder eine Waffe erwerben. Die Kastration ist augenscheinlich.

So gesehen. Der Bürger des Staats der westlichen Spätmoderne. Er ist nicht vollkommen in der Herrschaft über seine Zeit. Das war nur die Illusion, die die wirtschaftliche Situation präpandemisch erlaubte. Denn. Die Ausgeliefertheit an die Wirtschaft. Also der Arbeitszwang. Das war als der natürliche Fortgang der Dinge so selbstverständlich nicht als Beherrschung der Zeit angesehen. Das war in die Vorstellung von Leben integrierte Akzeptanz des Kapitalismus als siegreiche einzige Möglichkeit. Und. In den letzten 20 Jahren war es – zumindest in unseren Staaten – gelungen, auf der Basis der Umstände ein hoch individualisiertes Leben zu entwickeln und sich vom Zugriff einer Obrigkeit auf die eigene Zeit weit entfernt zu fühlen.

Diese illusionistische Lebensweise. In all der Lüge liegt das nun vor uns. Im lockdown. In unserer vernunftbegründeten Festsetzung im lockdown. Wir wurden gezwungen die Oberflächlichkeit unserer Freiheit festzustellen. Wir mußten – wieder vernunftbegründet – unsere Zeit an den Staat abliefern. Ohne Zukunft und mit einer schon in Nostalgie verschwundenen Vergangenheit sind wir in eine ewige Gegenwart gezwungen worden. Und sind das gerade noch weiterhin. Ich schreibe diesen Text am 13. Oktober 2020. Und. Diese ewige Gegenwart. Das ist der Zeitbegriff des religiösen Glaubens. In solchen ewigen Gegenwarten wurden über Jahrhunderte die Leben auf Erden als Vorbereitung auf ein Leben in der Ewigkeit den Hegemonien nutzbar gemacht. Diese ewigen Gegenwarten ließen die Verfügung über die Leben der anderen zu. Die Belohnung für die Fron und Unfreiheit dieser gläubigen Leben wurde im Dienst der Hegemonien von den Kanzeln verkündet. Die ewige Seligkeit sollte entschädigen. Die Reformation verlangte dann zumindest die Rechenschaft über diese Rechnung irdischerweise selbst in die Hand zu nehmen und selbst mit diesem Gott über die ins jenseits verlegte, eigentliche Zukunft zu verhandeln. Die Buchhaltung sollte in die Hände des Bürgers gelangen. Und demokratische Vorstellungen haben sicherlich damit viel zu tun. Freiheit aber. Das kennen wir nicht. Und im lockdown wurde und wird das offenkundig.

Nun. Es war die Literatur, die jenen besonderen Ort schuf, an dem Freiheit auftreten konnte. Diese Freiheit war nicht immer im Text zu finden. Diese Freiheit bestand oft nur darin, ein anderes Leben zu entwerfen. Damit wäre höchstens der feudale Griff nach der Nutzung der Leben wiederholt worden. Bis heute wird ja dieser Griff als die Definition von Literatur angesehen. Vormoderne bleibt da bei Vormoderne. Wir könnten das auch kanonisch nennen. So sehr wirkt sich die Nachahmung des Feudalen in unseren Kulturen immer weiterhin aus. Aber selbstverständlich. Die Nachahmung der Reformation kann noch nicht Literatur genannt werden.

Jetz gerade. Ich lese Büchners Briefe. In verstörender Weise erklären diese Briefe mir meine lockdown-Zeit. Wie einst. Es geht um die Freiheit der Freizügigkeit. Die Freiheit der Äußerung. Büchner kämpfte mit den Regimes. Ich. Als spätmoderne Person. Ich kämpfe mit mir. Beginnend mit dem aufgeklärten Staat bis zu den Deregularisierungspolitiken der Neoliberalität nach dem Jahr 1989. Wir wurden gezwungen, die neoliberale Auflösung der Institutionen durch die Ersetzung dieser Institutionen in unserer inneren Welten aufzufangen. Wir sind in Selbstfürsorge und Selbstvorsorge in Bilanzen der Zeitlichkeit eingespannt. In Österreich entscheidet der Lebenszeitarbeitszeitraum über die Altersversorgung. Schöner könnte die bürokratisierte Inbesitznahme der Zeit des Bürgers nicht ausgedrückt werden. Die Zeit des Lebens muß sich in doppelter Form auf sich selbst beziehen, um eine Pension zu generieren, die ja ohnehin von der Person einbezahlt werden mußte. Frauen können ihre weibliche Biographie als Mütter in diesen Lebensarbeitszeitraum nicht so gut integrieren. Frauen sind damit doppelt weit von Freiheit entfernt.

Was mir Büchner wieder beibringt. Es geht um die Tatsache der Äußerung. Literatur. So lehrt er mich. Literatur ist das besondere Modell von Zeit, in dem Freiheit existieren kann. Diese Freiheit existiert rein dadurch, daß dieses Modell geschaffen, also geschrieben worden ist.

Am Anfang des lockdown. Ich war verzweifelt. Jedes Leben. Jedes einzelne Leben. Es schien mir nun das gelebte Modell zu sein. Jedes Leben war in sich besondere Gegenwart. Die Literatur schien mir aufgehoben. Zwar in der Unfreiheit des Zwangs, aber das war ja schon im Gründungsbegehren so gewesen. Das war Voraussetzung und damit Grundlage. Aber. Die Dauer. Die alte Form der Herrschaft über die Zeit. Es wurde nach wenigen Wochen lockdown klar, daß die Eliten in der Politik nichts anderes wußten, als die alte Form der Herrschaft über die Zeit der Personen auszuüben. Der Einsatz der Polizei. Büchner beschrieb für die damaligen deutschen Städte und vor allem für Straßburg, wie die Straßen von Polizisten und Soldaten gefüllt waren. Wie jeder Ausgang eine Konfrontation mit der Staatsgewalt mit sich brachte. In Wien. Im März. Es waren nur Polizisten und Polizistinnen auf der Straße. Sonst. Menschenleere.

Wie gesagt. Heute. Es geht um Vernunftsgründe für diese Festungshaft. Aber. Die Zeit ist unsichtbar geworden. Der lockdown hatte nicht dazu geführt, daß wir alle in Literaturhaftigkeit leben können. Die Herrschaft hatte sich zurückgemeldet. In Österreich damit, daß die strikte Einhaltung des lockdown durch Lügen und Angstmache der Regierung hergestellt werden sollte. Wir waren wieder als dumme Kinder gesehen worden, denen man Angst machen mußte, damit wir in Gehorsamkeit verfielen. Diese Verachtung von uns als Betrogen-Werden-Müssende um das Beste für uns zu machen. Das war und ist Absolutismus wie er uns aus der Geschichte schon bekannt ist.

Es geht also weiter um Freiheit. Ganz grundsätzlich und umfassend. Und. Weiterhin bleibt es der Literatur vorbehalten, im Entschluß sie zu schreiben, diesen einen Augenblick von Freiheit möglich zu machen. Wenn wir einander einen Roman oder ein Gedicht überreichen. Wir geben diesen winzigen Funken von Freiheit weiter. Dieser winzige Funke der Freiheit des Entschlusses tritt dann in Text verwandelt vor uns. Darin bleibt Literatur revolutionär. Im Griff nach Freiheit gegen herrschende Umstände. Wie auch immer. Die Revolution. Das hat uns der lockdown gelehrt. Die Revolution hat nur die Zeit eines Herzschlags. Danach muß sie in Realität umgewandelt werden. In der Restriktion des lockdown wurde das zum Brotbacken. Und das ist auch ein Schritt, der weggeführt hat von dem, was schon bekannt war. Brot wird aufgegessen und muß wiedergebacken werden. Es läge in diesem Bild alle Möglichkeit der Routine einer besseren Welt. In den gängigen Modellen von Zeit aber. Da ist es weiterhin der Entschluß, sich die Freiheit zu nehmen wie die Literatur ihn in sich trägt, der als Modell anderer Möglichkeiten des Lebens fungieren muß. Und wieder. Weil es nicht der Inhalt sein kann, der diese revolutionäre Absicht erfüllen kann. Es ist die Form, die die Freiheit darstellt. Nur durch Form. Also durch den immer neuen Versuch die Zeit neu zu sprechen ist es möglich, die besondere Zeit herzustellen, die den Text zum Modell von Welt macht. So hat die literarische Moderne ja auch begonnen und soll ein Text der Moderne und vor allem der Spätmoderne entsprechen, kann dieser Anspruch nicht eingeebnet werden. Obwohl. Dieser Anspruch kann auch sehr leise eingelöst werden. Die Herzen schlagen ja unhörbar.

Zurück auf Punkt Eins. Ich lese Büchner, der sich aus dem feudalen Griff nach seinem Geist entzieht. Ich muß als Objekt des Hygienestaats von Neuem anfangen. Immerhin. In dieser alles erschütternden Krise der Welt. Die Literatur ist wichtiger denn je, obwohl sie unwichter denn je erscheint. Was Zeit. Was Lebenszeit ist. Das ist wissenschaftlich nicht beschreibbar. Was es heißt, in die Lebensnot geworfen das Leben in Würde und Achtung zu bestreiten, das kann nur die Literatur entwerfen. Denn. In der Literatur schlagen die Herzen hörbar und die Zeit ist zu sehen. Als vollkommen vollkommene je besondere Gegenwart.

MARLENE STREERUWITZ, geboren in Baden bei Wien (Niederösterreich). Studium der Slavistik und Kunstgeschichte. Freiberufliche Autorin und Regisseurin. Literarische Veröffentlichungen ab 1986. Lebt in Wien, London und New York.

www.marlenestreeruwitz.at

INSA WILKE

5 Fragen – 5 Antworten

***allmende:** Sie schreiben Rezensionen für renommierte Tageszeitungen und sind bekannt durch Literatursendungen im deutschen Fernsehen und Radio. Welchen Einfluss hat die Corona-Pandemie auf Ihre Arbeit als Literaturkritikerin?*

Insa Wilke: Als freiberufliche Literaturkritikerin sind auch Moderationen ein Bestandteil meiner Arbeit und meines Einkommens. Die fallen im Moment so gut wie weg. Vor allem aber finde ich bedrohlich, wenn Literatursendungen gestrichen werden, wie im NDR und auch im Schweizer Radio. Und wenn in Zeitungen die Literaturteile schmaler werden. Interessanterweise sind es mal wieder eher rechtskonservative Medien, die die Zeichen der Zeit anders lesen und ihre Kulturteile ausbauen. Interessant, oder?

***allmende:** Die Corona-Krise trifft alle Institutionen des Literaturbetriebs. Welche Langzeitfolgen erwarten Sie für den Literaturbetrieb allgemein?*

Insa Wilke: Die Situation ist viel zu unüberblickbar im Moment, um mich da jetzt zu einer zitierfähigen Aussage hinreißen zu lassen. Was ich durchaus positiv sehe, ist, wie deutlich geworden ist, dass digitale Vermittlungsformen nicht alleinseligmachend sind. Ich finde sehr zufriedenstellend, dass sich gezeigt hat, dass der Literaturbetrieb Präsenz-Formen der Vermittlung braucht. Dass Digitalisierung nicht die einzige Zukunft ist – und dass sie im Übrigen auch nicht billiger ist, wenn man auf eine gewisse Qualität besteht. Das haben die Tage der deutschsprachigen Literatur in Klagenfurt in diesem Jahr gezeigt. Der Aufwand war enorm und die Techniker*innen haben großartige Arbeit geleistet, damit es so gut werden konnte, wie es dann geworden ist.

***allmende:** Corona ist derzeit auch in anderer Hinsicht ein wichtiges Thema: Zahlreiche deutschsprachige Autor*innen verfassten digitale Corona-Tagebücher während des Lockdowns. Im Herbst 2020 erscheinen die ersten Corona-Romane. Ist ›Corona-Literatur‹ ein neues Genre? Wie stehen Sie persönlich zu diesen literarischen Formen?*

Insa Wilke: Das ist doch kein neues Genre. Es ist vielleicht ein neuer Stoff. Mich interessiert dabei, ob er auch andere Formen nach sich zieht. Ich vermute, die meisten Bücher dazu werden nicht sonderlich aufregend. Man müsste schon über so viel Intelligenz und Humor wie Marlene Streeruwitz verfügen. Andererseits habe ich jetzt schon keine Lust auf die Unlust mancher Stimmen aus der Kritik, die dann die Nase über Aktualität rümpfen. Ist doch interessant, wie die Literatur auf diese Situation reagiert. Aber in der Regel braucht Literatur eben etwas länger, um so auf solche Themen zu reagieren, dass es mich als Leserin erreicht.

***allmende:** Worin liegt die Kraft der Bücher in Zeiten von Corona? Was kann Literatur in diesen krisenhaften Zeiten bewirken?*

Insa Wilke: Sie kann uns in eine Auseinandersetzung mit uns führen. Sie kann auch Räume bereitstellen, in denen man die Realität wieder spürt. Das Verrückte ist doch, dass einem die im jetzigen absurden Alltag entgleitet. Wenn literarische Sprache gut ist, kann sie wieder in eine Erfahrung zurückführen.

***allmende:** Erleben wir eine Zeitenwende?*

Insa Wilke: Schon seit Jahren. Für mich ist da die Zäsur die Chiffre »1989«. Da kommt vieles zusammen, was politische, gesellschaftliche, ökonomische, kommunikationstechnische und ökologische Fragen angeht. Ich habe den Eindruck, wir fangen an, das zu reflektieren, und das ist ja gut.

INSA WILKE, geboren in Bremerhaven, studierte Germanistik und Geschichte in Göttingen, Rom und Berlin. 2009 wurde sie mit einer Arbeit über den Dichter Thomas Brasch promoviert. Seit 2005 konzipiert und moderiert sie Kulturveranstaltungen. Als Literaturkritikerin arbeitet Insa Wilke regelmäßig für die *Süddeutsche Zeitung*, für Hörfunk und Fernsehen. Seit 2013 gehört sie zum Team der Literatursendung *Gutenbergs Welt (WDR3)*. 2014 wurde Insa Wilke mit dem Alfred-Kerr-Preis für Literaturkritik ausgezeichnet. 2016 übernahm sie die Programmleitung des Mannheimer Literaturfestes *lesen.hören*. Seit 2017 gehört sie zum *lesenswert-Quartett* im *SWR-Fernsehen*. Sie ist Mitglied verschiedener Jurys, darunter für die *SWR*-Bestenliste, seit 2018 für den Ingeborg-Bachmann-Preis (Klagenfurt) und den Deutschen Verlagspreis. Sie ist Herausgeberin von Publikationen zum Werk von Christoph Ransmayr und Roger Willemsen. **www.insawilke.de**

vermooste hose: wie wir nun ranzen
(ich meine: es schultern) indenvierwänden
kaue klopapier küchenrollen alldasmir
der hamster radab sagt : kenne käfigexistenz
eng nun, engst? wie soll es weiter …
streamen statt strömen. hab draußen
… ab, bricht wi-wi-winter aus »natur« wir
sind das zweibeinlungending das sich als
sondermüll erkennt.
                                der hamster grinst auf dem balkon
dort teilen wir die frische luft. ich atme aerosole aus
ich stecke an bin schopenhauers stachelschwein
das nähe will. nun staun mal durch nun richt
dich ein: die philosophie, sie sah ins virentum
voraus. ich hingegen male veilchen, setze virgeln
                                üb das virgolein

ULRIKE DRAESNER, geboren 1962 in München, studierte Anglistik, Germanistik und Philosophie in München und Oxford und wurde 1992 in Germanistischer Mediävistik mit einer Arbeit zu Intertextualitätstheorien promoviert. Sie veröffentlichte Gedichte, Erzählungen, Romane, Essays, Hörspiele und Libretti. Ihr Werk wurde vielfach ausgezeichnet, beispielsweise mit dem Joachim-Ringelnatz-Preis für Lyrik (2014) und dem Nicolas-Born-Preis (2016). Zuletzt erhielt sie den Gertrud-Kolmar-Preis (2019), den Preis der LiteraTour Nord (2020) sowie den Deutschen Natur Writing Preis 2020. Unter anderem in Oxford, Bamberg und Frankfurt hatte sie Poetikdozenturen inne. Seit 2018 ist sie Professorin am Deutschen Literaturinstitut in Leipzig. Sie ist Mitglied des PEN Deutschland und der Akademie der Künste Berlin. Zuletzt erschienen ihre Romane *Kanalschwimmer* (2019) und *Schwitters* (2020).

www.draesner.de

LENA GORELIK

Corona-Tagebuch

Tag 1

Gerade habe ich einen neuen Ordner auf dem Computer geöffnet, der ›Corona-Blog‹ heißt. Makaber schien mir das, ein bisschen. Geht's nicht ein bisschen kreativer, Lena, dachte ich mir – aber dann dachte ich, wieso, ist doch so. Es ist alles irgendwie Corona.

Vor zwei Wochen – und jetzt wird's tatsächlich makaber – lag ich schwer erkältet (nein, nicht Corona) bei meiner Freundin auf der Couch. In Japan machten sie gerade die Schulen zu, in Deutschland gab es die ersten Erkrankten. In München hatten am Vorabend im Residenztheater Menschen gehustet und alle anderen Menschen hatten die Köpfe zu ihnen gedreht. Heinsberg – ein Ort, von dem vorher auch noch niemand gehört hatte, wahrscheinlich zurecht – prägte die Schlagzeilen, es war irgendwie alles noch gut. Sie feierten Karneval in Köln. Willst du was gucken, fragte die Freundin. Klar, sagte ich. Weißt du noch, dieser alte Film, in dem Dustin Hoffmann die Welt vor einem Virus rettet, der mit dem kleinen Affen. *Outbreak* heißt der Film, er ist aus den Neunziger Jahren. Meine Nase war zu, da half auch das Spray mit den ätherischen Ölen nicht dagegen, wir schauten Dustin Hoffmann dabei zu, wie er die Welt rettete, Soldaten auf den Straßen, die die Menschen vom Rausgehen abhielten – und auch so ein Begriff, den ich seit dem Matheunterricht in der Schule nicht mehr verwendete: Exponentiell. Ein skurriles Gefühl, kein beängstigendes, es ist ja alles ein Film.

Ich bin immer noch erkältet, der Film ist jetzt hier. Er ist hier, wenn ich die *Tagesschau*-App öffne, die Nachrichten lese, durch die sozialen Medien scrolle. Wenn ich das Haus verlasse, wenn ich durch die Stadt radle, um die Kinder zu holen – das sagt man ja dieser Tage dazu, um klar zu stellen, dass man sich nicht spaßeshalber unter die Menschen begibt – dann ist es nur ein Münchner Sonntag. Menschen, die sich an der Isar nebeneinander quetschen. Familien auf Spielplätzen, kleine Kinder weinen, weil ihnen jemand die Schaukel weggenommen hat. Die Sonne scheint auf diese typisch Münchner Weise – so, als wäre die Welt noch in Ordnung, als machten Viren vor dieser Stadt halt.

Tag 5

Es klingelt an der Tür, wir frühstücken noch. Wir frühstücken, es ist nach elf, wir frühstücken nicht deshalb so spät, weil wir etwa ausgeschlafen haben, es ist kein gemütliches Sonntagsfrühstück mit Waffeln. Die Zeiten sind durcheinander geraten, die Tage übrigens auch. Ich muss nachschauen, um zu wissen, ob heute ein Mittwoch ist oder ein Freitag. Drei Mahlzeiten am Tag überfordern mich komplett, um mal banalen Alltag zu erzählen. Ich bestelle nichts – aus finanziellen Gründen, aber auch deshalb, weil auch das soziale Kontakte bedeutet: Irgendwo schwingt sich ein Lieferant auf's Fahrrad, begegnet unterwegs Menschen, übergibt mir an der Tür das Essen. Aber ich träume, heimlich, während ich Tiefkühlgemüse in die Pfanne schmeiße – nicht schon wieder was schnippeln – vom indischen Essen. Ich träume davon, in einem Restaurant zu sitzen – irgendjemand, der*die mir zubereitetes Essen bringt.

Es klingelt an der Tür, das große Kind und ich springen beide auf, Besuch sind wir nicht mehr gewohnt. Bleib sitzen, fauche ich ihn an, und er blickt mich erschreckt an, warum darf ich denn nicht an die Tür. Weil das ein Kontakt weniger ist, wie sich Corona durchzieht durch unbedeutende Bewegungen, durch alles, durch den Gang durch den Flur zur Wohnungstür. Der Postbote kommt nicht die Treppe hoch, steckt mir von unten das Päckchen entgegen. Lächelt, er muss und er will wahrscheinlich auch nicht mehr erklären.

Was ist das, rufen die Kinder, die brav und vielleicht etwas verängstigt in der Küche sitzen geblieben sind. Ein Paket für mich. Ich reiße es auf, ein Buch, ein Entspannungsbad, Schokolade. Ein Corona-Krise-Care-Paket steht auf der Karte, und ich freue mich, wie ich mich seit wann, seit einer Woche, seit zehn Tagen nicht mehr freute. Für diesen einen kurzen Moment, in dem ich das Geschenkpapier noch nicht aufreiße und die Kinder neben mir auf und ab hüpfen, willst du nicht sehen, was für ein Buch, weicht alles von mir ab. Die Sorge, die um meine Eltern, die per Sprachnachricht zurecht über Einsamkeit klagen, um alle mit Vorerkrankungen, alle Älteren, die ich kenne, um die Geflüchteten an der türkisch-griechischen Grenze, um Italien, um – und das ist noch nicht einmal eine Übertreibung – die ganze Welt. Die Sorge um die Finanzen – heute wurde die erste Veranstaltung im Juni abgesagt, die Müdigkeit, die sich ergibt, wenn man diese Sorgen mit dem Alltag mit den Kindern, dem Homeschooling, der Arbeit, dem Haushalt, dem Alleinsein mit allem multipliziert. Für den einen Moment ist alles kurz weg, ich reiße das Geschenkpapier auf. Ich stapele das Buch auf die anderen neben dem Bett: Ich werde sie irgendwann lesen, wenn die Müdigkeit und die Sorgen verschwinden.

Tag 9

Morgen bin ich mit meinem besten Freund zu einem Bier verabredet. Wir treffen uns gegen neun. Ich habe gestern gelernt, dass es im Norwegischen ein Wort gibt für Draußen-Bier. Wir treffen uns auf ein Video-Bier und es wäre ein schlechter Witz, wenn ich sagen würde: Ein Corona-Bier. Mein Sohn bietet mir an, ein *Löwenbräu*-Fass zu basteln, dann sieht es wie in einer Kneipe bei uns. Zum *Scrabble*-Spielen bin ich auch schon verabredet, ich habe quasi beinahe schon Freizeitstress. Ich sehe keine Menschen. Die Menschen, die ich sehe, sind Familie oder Menschen, die ich durch Plastik oder Glasscheibe sehe. Manchmal sitze ich wie der Hund früher auf dem Fensterbrett im Wohnzimmer und sehe den Menschen draußen zu.

Bei *Facebook* rechnen welche immer wieder aus, warum die Ausgangsbeschränkung keinen Sinn macht, wie gering doch die Erkrankungszahlen in Korrelation zu den Bevölkerungszahlen sind. Ich nehme mir nicht mehr die Zeit, diese Statements durchzulesen. Wir sind heute Fahrrad gefahren, es war so kalt, dass eines der Kinder meinte, zum Eisblock zu werden, ein Polizist winkte uns aus dem Auto zu. Bei einem Bäcker ein Schild, das besagte, dass Pflegekräfte, Ärzt*innen und Polizist*innen einen Kaffee kostenlos bekommen, ich sagte ja schon, diese kleinen Gesten. Während ich das schreibe, haben die Kinder aufgehört zu skypen, sie spielen jetzt Herrchen und Bernhardiner. Der Bernhardiner, höre ich, möchte raus und darf nicht, ich weiß nicht, vielleicht haben die im Spiel auch Corona, vielleicht ist Corona jetzt sogar in Fantasie.

Tag 12

Alles hämmert, alles hämmert in meinem Kopf. Gedanken, Nachrichten, in gereizte Sätze verfrachtete Ängste. Überforderung, die sich über einem Computerprogramm, das nicht starten will, entlädt. Fast 4 900 Tote in Spanien, heute morgen habe ich herum gebrüllt, ohne eigentlichen Grund, vielleicht, weil ich die Stille vermissen. Vielleicht, weil ich Menschen vermisse, vielleicht, weil der Unterschied zwischen beiden verschwimmt. Boris Johnson wurde positiv auf Corona getestet, ich kann die hämischen Kommentare vor mir sehen, ich reiße die Fenster auf, als käme durch die Fenster die alte, die irgendwie gute Welt.

Abends koche ich alleine, obwohl es pädagogisch und auch sonst aus sicherlich noch mehr Gründen sinnvoll ist, die Kinder die Karotten schnippeln und die Kartoffeln schälen zu lassen, ich koche alleine, das ist meine Zeit. Ich schnipple alleine Karotten, Ärzt*innen müssen entscheiden, wen sie weiter beamten, der deutsche Ethikrat äußerte sich auch schon dazu. Es macht keinen Sinn, Karotten zu schneiden, in New York sind sie auch schon krankenhaustechnisch überfordert. Es macht ein wenig Sinn, sie später zu essen, weil wir Freunden eingeladen haben, die wir über einen Handy-Bildschirm sehen, wir haben das Handy auf einen Bücherstapel und auf die Bücher eine *Zwieback*-Packung gestellt. Sie sehen so klein aus im Handy, und wir wahrscheinlich auch. Ich fühle mich dieser Tage auch klein, obwohl ich groß sein muss, erwachsen, irgendwie größer als sonst.

Fast 4 900 Tote in Spanien und *Adidas* zahlt die Miete nicht mehr und irgendjemand denkt, das alles sei irgendwie bald vorbei. Ich bin zu müde, um darüber zu lachen, ich habe gestern mit jemandem gesprochen, der in der gemeinsamen Wohnung seinem Freund aus dem Weg geht, weil der Asthma hat, sie essen nicht mal mehr zusammen. Was uns alle vereint in diesen Tagen: Das Aufwachen und Denken, dass alles vielleicht ein Alptraum war. Ich denke, dass uns das vereint, was weiß ich schon von anderen Menschen.

Was weiß ich schon von jenen, die in viel kleineren Wohnung mit viel mehr Menschen zusammen gepfercht sitzen, die vielleicht gar keine Wohnung haben. Mir ist es zum Fahrradfahren zu kalt, also schicke ich die Kinder alleine raus vor die Tür, und anderen Menschen ist zu kalt zum Leben. Was weiß ich schon von jenen, die vielleicht gerade geschlagen werden, wir wissen alle, die Konflikte nehmen dieser Tage zu – ich habe heute morgen die Kinder angebrüllt –, ich habe gelesen, auch die Gewaltbereitschaft. Was weiß ich von jenen, die im Dunkeln aufwachen, weil in ihnen alles dunkel ist, was weiß ich schon von jenen mit dieser Volkskrankheit Depression, was weiß ich, ob Dunkelheit schwärzer werden kann mit Corona. Was weiß ich über Einsamkeit, über die Verzweiflung, bis die Hand zum Hörer greift, um Fremde bei der Telefonseelsorge anzurufen. Was weiß ich schon von sterbenden Menschen, was weiß ich schon, ob ich das hier überhaupt schreiben darf und soll, ob Schreiben nicht an Sinn verloren hat in den letzten Tagen.

Gestern wurde der Hund meiner Eltern eingeschläfert, Fremde haben ihn zum Tierarzt gebracht. Nette Leute, die Zettel mit Hilfsangeboten aufgehängt hatten, wie wir, meine Mutter rief sie an. Ich hänge solche Zettel aus, und meine Eltern, beide krank, beide alt, beide Risikogruppe, beide ohne mich, und plötzlich so weit weg, schreiben sich Nummern von solchen Zetteln ab. Rufen an, bitten um das Schrecklichste, den sehr alten, sehr kranken Hund zum Tierarzt zu bringen. Sie küssen ihn zuhause zum Abschied, ich stelle es mir vor, obwohl ich es mir nicht vorstellen möchte, obwohl ich es muss, sie können nicht raus, das C-Wort. Die Einsamkeit in der Wohnung meiner Eltern, die karierte Decke des Hundes, ich höre auf, mir etwas vorzustellen. Die Einsamkeit hämmert vermutlich auch.

Tag 14

Die Texte tippe ich schnell, die Buchstaben springen auf's Papier, unerzogene, schnappende Welpen, ich lese nichts Korrektur, weil Korrekturlesen keinen Sinn zu machen scheint. Ich erinnere mich an langsames Schreiben, das Nachdenken über jeden Satz, über die Freundschaften und Feindschaften von Worten. Vielleicht wäre genau jetzt dafür die Zeit, ich möchte den Texten Liebe geben, Geduld und die Ruhe zu werden. Andererseits versuche ich den ganzen Tag, den Kindern Liebe zu geben, den Eltern, mit denen ich täglich telefoniere, viel häufiger als in den Jahren zuvor, wofür ich mich jetzt natürlich schäme, Klischees, die sich ins Leben drängen. Liebe nach unten geben, nach oben, zur Seite auch, es bleibt nicht viel übrig für einen selbst. In anderen Zeiten, denke ich, ohne Zeit in Zeiträume zu fassen, ich passe auf die Sätze eines Tages wieder auf.

Begriffe staple ich aufeinander, diese Begriffe der Corona-Zeit. Social Distancing, Kontaktverbot, Ausgangssperre – Worte, die Grenzen erzählen, Worte, die zwischen die Menschen gestellt werden, man sagt, um die Menschen eben zu retten. Diese Ambivalenz macht sich im Kopf breit, nimmt sich Raum, aber schafft es nicht bis zu den Gefühlen hindurch. Der Stapel der Begriffe wächst. Irgendjemand, meist aus der Poltiker*innen-Riga sagt neuerdings immer wieder »Krieg«. Sie nehmen sich das Wort einfach aus der Sprache heraus, klemmen es sich unter den Arm, um es in einen fremden Zusammenhang zu stellen. Sie haben nicht um Erlaubnis gefragt, all jene, die tatsächlich Kriege erlebt haben, all jene, die traumatisiert worden sind. Irgendjemand wird jetzt sicher sagen, mein Gott, warum denn schon wieder empfindlich.

Tag 19

Einmal, ich sitze immer noch am Schreibtisch, fragt mich eines der Kinder aus heiterem Himmel, ob ich mich kurz in einen *Playmobil*-Menschen verwandeln könnte, und ich weiß nicht, ob ich lachen oder schreien soll. Das Schreien, das bewahre ich mir auf, vermutlich für später. Jemand fragt mich, ob der Blog, das Schreiben gegen die Angst und Sorgen helfe, da weiß ich gar nicht, was ich sagen soll. Wenn sie das könnten, Worte, einem die Angst nehmen, dass nicht all die Tausenden von Menschen sterben, dass nichts mehr wie vorher wird.

Tag 25
Sprechen wir doch mal über Monotonie, sprechen wir doch mal über den Menschen als Gewohnheitstier. Spreche ich mal über mich, wie ich aufstehe, immer um dieselbe Zeit seit Corona, wie ich mich an den Schreibtisch setze, sofort, weil ich die Bedeutung dieser zwei Stunden kenne, die ich für mich habe, alleine, konzentriert. Sprechen wir darüber, wie, wenn wir, wenn die Kinder aufstehen, dieses Ritual erfunden haben, nein, sprechen wir genau darüber nicht, über die Rituale der Menschen. Die eine Hilfestellung seien, so sagt man, die Routine, die einem durch die Tage, durch schwere Phasen helfen sollen, ein Allheilmittel gegen das, was das Leben tatsächlich ist: Eine Ansammlung von Hindernissen und Tatsachen. Zwischen diese pressen wir unsere Rituale, quetschen sie in die feinen Rillen, um uns von einem zum anderen hangeln zu können. Um übersehen zu lernen. Wir richten uns ein, zwischen neue Begebenheiten stellen wir unsere Sitzmöbel auf. Trump hat schon wieder irgendeinen Stuss von sich gegeben, die Geflüchteten immer noch in die Lager gequetscht, in denen sich auch das Virus ausbreitet. Die Bundesregierung hat versprochen, einige wenige unbegleitete minderjährige Geflüchtete aufzunehmen, sie kam bislang noch nicht dazu. Sie kam sehr wohl dazu, einige Geflüchtete wieder abzuschieben, jeder setzt sich so seine Prioritäten.

Tag 28
Meine Gedanken drehen sich auch im Kreis. Kann zum Beispiel nicht aufhören an all die Kinder und Jugendlichen zu denken, die seit fünf Wochen nun möglicherweise Gewalt erleben, die kein Mittagessen bekommen, auch kein Abendessen, die Angst haben müssen, wenn sich die Kinderzimmertür öffnet, und diejenigen, die kein Kinderzimmer haben, sie haben das Wort ›Privatsphäre‹ noch nie gehört. Ich kann nicht aufhören, an all die Kinder und Jugendlichen zu denken, für die Schule und Hort nicht nur die Orte sind, an denen man Noten bekommt, gute und schlechte, an denen man Fußball und Uno spielt oder sich mit Freund*innen streitet, sondern Momente von Schutz sind, von Unversehrtheit. Alle reden von »Lockerungen«, ich habe es nicht eilig mit diesen. Ich habe Angst vor einer Voreiligkeit, ich habe Angst vor dem Erwachen danach. Ich habe Angst vor einem überforderten Gesundheitssystem, was wir unseren Ärzt*innen und Pfleger*innen antun könnten, all jenen, die jemanden im Krankenhaus wissen könnten, aber diesen Menschen nicht die Hand halten könnten, sie nicht begleiten dürften.

Tag 32
Heute kurz eine Telefonkonferenz verpasst, weil ich nicht mehr den Wochentag wusste. Sie sind so gleich, diese Tage, die Mittwoche sehen wie Freitage aus, und die Sonntage sind von den Montagen nicht zu unterscheiden. Ein altes Freiberufler*innen-Problem: Was ist ein Feierabend und wo kann man das haben? Es wird dieser Tage verschlimmert, weil ja auch die anderen, die um einen herum, die Kinder, die Menschen mit ›echten‹ Jobs einem keinen Rahmen geben, weil sie Worte wie Wochenende auch nicht mehr verwenden. Vielleicht tun sie es doch, fällt mir ein, vielleicht habe ich nur weniger Kontakt zu den Menschen. Zu Menschen im Allgemeinen, nicht zu jenen mit einem ›echten‹ Job. Heute eine Mail geschrieben, lange über deren Inhalt nachgedacht. Kurz nur über Worte und deren Wirkung nach-

denken, sonst über nichts. Gut, früher ging das einem so mit Romanen, aber lassen wir Luxusgedanken beiseite.

Heute mit meinem Vater telefoniert, meine Mutter war, glaube ich, spazieren. Sonst ist sie die Erste, die ans Telefon geht. Mein Vater wird in zwei Monaten 80, er hat ein krankes Herz. Er hofft, sagte er, er hofft, dass ich nicht panisch bin, und nicht ängstlich, er hofft auf einen positiven Geist seiner Tochter. Früher, im Krieg, sagte mein Vater, der den Zweiten Weltkrieg als Neugeborener, als Kleinkind während der Blockade in Leningrad überlebte, da war alles noch schlimmer, es geht uns doch, wir lebten doch, sagte mein Vater, immer noch im Paradies. Auf meine Frage, wie es ihm ginge, antwortete er, er fühle sich wie eine frische Gurke. Nicht wie eine Tomate, fragte ich. Nein, die sei doch rot. Komisch, ich fühle mich selten wie ein Gemüse.

Tag 37

Gestern raus gefahren, zum Wandern. Ich wandere nicht gerne, ich verstehe den Sinn nicht von: Geradeaus gehen – oder hoch, von mir aus, oder runter. Die Aussicht, ich weiß, ich weiß, die Berge. Die genieße ich, aber der Genuss hält sich nicht über Stunden. Hält sich nicht über Wurzeln, über die man stolpern könnte, über die Hitze im Nacken, über die vielen Schritte, die Höhenmeter, überhaupt dieses Wort: Höhenmeter. Jedenfalls gestern raus gefahren, zum Wandern. Nicht weit, noch nicht mal bis in die Voralpen gekommen. Das Verlassen des Stadtgebiets fühlt sich bereits wie eine Grenzüberschreitung an, auch im rechtlichen Sinne. In der Stadt fällt mir die Decke auf den Kopf, auch außerhalb der Wohnung. Ich weiß nicht, ist es der Himmel, der drückt. Noch nie, seit ich in München lebe, war ich hier so lange am Stück. Noch nie, seit ich die Schule beendet habe, war ich in irgendeiner Stadt so lange am Stück, ohne an den Bahnhof, zum Flughafen zu eilen. Ich kann die Bäume des Englischen Gartens nicht mehr sehen, sie engen das Denken ein.

(Meine privilegierten Probleme. In Moria schmeißen sie den Geflüchteten Croissants in die Menge, die Menschen drängeln, werden aneinander gedrückt, strecken die Hände empor, um ein Stück des Gebäcks zu ergattern: Ein weiterer Moment, in dem die Menschenwürde in dieser Menge untergeht, während wir uns mit Masken brav an Social Distancing halten. Oder dies auch nicht tun, aber immer noch als freie Entscheidung.)

Jedenfalls raus gefahren. Die Autobahn so leer, wie noch nie an einem sonnigen Sonntag. Löwenzahnwiesen und alle Grüns dieser Welt: Wenn ich die sehe, möchte ich sofort einen Malkasten haben. Einen mit nur Grüns. Es fühlt sich wie Urlaub an, dieses An-einem-Ort-Sein, der nicht der meine ist. Wir verlaufen uns bei der Wanderung natürlich, machen nach fünfzehn Minuten die erste Vesperpause, die vermutlich länger dauert als die Wanderung selbst. Ich kann nicht aufhören, von einer Pension zu träumen. Irgendwo hier, zwanzig Kilometer von München entfernt, und ich, die ich bei Hotelzimmern und -betten so pingelig bin, dass ich mich dafür schäme, dass ich immer das mehrjährige Schlafen und Leben in der Flüchtlingsunterkunft anführen muss, um meine Pingeligkeit zu entschuldigen, träume von einem alten, verstaubten Pensionszimmer mit Biberbettwäsche, die aus den Achtzigern stammt. Und einem alten, dickbäuchigen Fernseher, in dem ich, von mir aus, den verhassten Tatort gucke.

Tag 40
Letzter Tag

Morgen ist der Tag, an dem ich wieder einen Zug besteige, das erste Mal seit, ich habe aufgehört, die Wochen zu zählen. Am Montag ist der Tag, an dem manche Kinder wieder in die Schulen dürfen, aber nicht alle; die, die hier gerade, während ich schreibe, im selben Zimmer spielen, jedenfalls nicht. Am Montag ist der Tag, an dem die Zoos und die Museen öffnen, aber ich habe nicht die Zeit, in eine der beiden Einrichtungen zu gehen. Irgendwann ist wieder der Tag, an dem Nachrichten wie die, dass in Waldkraiburg Döner-Läden aus – wie die Polizei vermutet – rechtsterroristischen Gründen in Brand gesteckt werden, wieder Aufmerksamkeit bekommen.

Am Montag ist der Tag, an dem ich wieder ein Theater betreten werden, an dem geprobt, gesponnen, vermutlich gestritten und gemeinsam gearbeitet wird. Wir werden Masken tragen, wir werden uns sehen, ich werde aufgeregt sein. Am Montag ist der Tag, an dem vermutlich Städte und Ortschaften die von der Bundesregierung auferlegte Neuinfektionen-Obergrenze überschreiten werden. Jeden Tag ist der Tag, an dem wir in den Nachrichten lesen, welche Menschen, Unternehmen, Gruppierungen, Branchen, Länder unter der Pandemie zu leiden haben. Heute ist der Tag, an dem ich Falafel essen werde, ich werde sie in Tahina tunken – und ich bereue bereits, gerade Kuchen verdrückt zu haben.

Irgendwann wird ein Tag kommen, an dem wir sagen werden, weißt Du, damals noch, Corona. Gestern war der Tag, an dem eine Fünfjährige so selbstverständlich sagte: »Also das war noch vor der Corona-Zeit«. Wir werden uns erinnern und unsere Kinder werden uns erinnern – und ich frage mich, woran wir uns erinnern werden. Was werden die Kinder sich gegenseitig erzählen: von genervten Eltern, von *Zoom*-Konferenzen, von Langeweile, von Ruhe. Was werden wir uns erzählen und wann werden wir das? Wann wird die Corona-Zeit eine Erinnerung sein, wann wird sie nicht mehr das Heute beherrschen? Es gibt keine Antworten auf so viele Fragen. Heute ist der Tag, an dem ich zum letzten Mal diesen Blog schreibe.

LENA GORELIK wurde 1981 in St. Petersburg geboren. Mit ihrem Debütroman *Meine weißen Nächte* (2004) wurde die Scheffel-Preisträgerin (2001) bekannt. Sie wurde unter anderem mit dem Bayerischen Kunstförderpreis 2005, dem Ernst-Hoferichter-Preis 2009 und dem Förderpreis Friedrich-Hölderlin der Stadt Bad Homburg 2009 ausgezeichnet. Mit ihrem Roman *Hochzeit in Jerusalem* (2007) war sie für den Deutschen Buchpreis nominiert. 2011 erhielt sie ein Jahresstipendium des Ministeriums für Wissenschaft, Forschung und Kunst des Landes Baden-Württemberg. Für *Die Listensammlerin* (2013) wurde ihr der Buchpreis der Stiftung Ravensburger Verlag verliehen. Zuletzt erschien ihr Roman *Mehr Schwarz als Lila* (2017). Die Autorin lebt in München.

www.lenagorelik.de

MARTIN WALSER

Sprachlaub oder: Wahr ist, was schön ist

Texte von Martin Walser mit einem Aquarell von Alissa Walser*

Mit Leichtigkeit und Dauer möchte man ausgestattet sein
und ist ein Schauplatz von Schwere und Hast.
Kein Gelingen kränzt mein Haus. Scheinheilig
frag ich: Darf ich so sein?
Vor jeder Antwort schließ ich die Ohren.
Umsonst.

Ich möchte lernen, von mir
nichts mehr zu erwarten.
Ich muss das lernen, weil
ich von mir nichts mehr zu erwarten habe –
ich weiß das.
Aber ich glaube es nicht.

Ras doch nicht so, Jahr,
tu langsam!
Langeweile, komm, schütz uns
vor den Zähnen der Zeit.
Der Augenblick unschätzbar,
keine Trauer reicht.
Ich reihe mich ein bei den kleinsten Blumen.

Mit den abgewetzten Wörtern unseres öffentlichen Wortschatzes mobilisiert da einer unter dem Vorwand, Mobilisierung verhindern zu wollen. Und die Medien ziehen mehr mit als je zuvor. Da merkt man erst, was es heißt, in einer Medienwelt zu wohnen. Die Wörter sind nichts mehr wert. Ich pfeife auf »Frieden«, »Christ«, »Bergpredigt«, »Verteidigungswürdigkeit der freiheitlichen demokratischen Grundordnung«, wenn der, der mir das an den Kopf wirft, vor Machtwillen, Aggressivität und Rechthaberei nur so strahlt. Wahrscheinlich ist nichts schwerer als Macht zu haben und doch glaubwürdig zu

Alissa Walser: Aquarell, 40 × 40 cm, 2020

bleiben. Nichts scheint einander so auszuschließen wie Politik und Glaubwürdigkeit. Und nichts schamloser als der Gebrauch von Religionswörtern zur Legitimierung politischer Haltung. Diese Religionswörter haben nämlich selber längst keine Legitimität mehr. »Bergpredigt«, »Christ«.

Was werde ich von diesem Sommer
dem nächsten sagen?
Dass er nicht zu fassen war,
dass er wie ein Streichholz war,

das dir abbrennt zwischen den Fingern.
Du siehst dem Augenblick entgegen,
in dem du es wegwerfen musst.

Rolf Hochhuth sei gestorben, wird gemeldet,
das tut weh und hört nicht auf, weh zu tun.
Er hätte nicht vor mir sterben dürfen.
Er ist doch jünger.
Ich habe jeden Tag versäumt, mit ihm zu sprechen.
Wie ich ihn liebte, ist grell klar geworden
durch die Nachricht, dass er jetzt tot ist.

* Auszüge aus Martin Walsers neuem Band *Sprachlaub oder: Wahr ist, was schön ist*, der am 23. März 2021 im Rowohlt Verlag erscheinen wird. Wir danken Martin Walser für die Bereitstellung der Texte, Alissa Walser für die Bereitstellung des Aquarells und dem Rowohlt Verlag für die Abdruckgenehmigung.

MARTIN WALSER, geboren 1927 in Wasserburg, studierte Literatur, Geschichte und Philosophie in Regensburg und Tübingen. 1951 wurde er mit einer Arbeit zu Franz Kafka in Tübingen promoviert. Bereits sein erster Roman *Ehen in Philippsburg* (1957) wurde ein Erfolg und 1957 mit dem ersten Hermann Hesse Literaturpreis ausgezeichnet. Für sein literarisches Werk wurden ihm zahlreiche Preise verliehen, unter anderem 1955 den Preis der Gruppe 47, 1981 der Georg-Büchner-Preis, 1998 der Friedenspreis des Deutschen Buchhandels sowie 2015 der Internationale Friedrich-Nietzsche-Preis. Er war Mitbegründer und Herausgeber der *allmende*. Nach der Legende *Mädchenleben oder Die Heiligsprechung* (2019) erschien zuletzt der Prosaband *Spätdienst* (2020).

NADJA KÜCHENMEISTER

im zug*
was noch erwidern, nichts, telefonieren
im zug, jemand in der leitung sagt
er sei du, ich träume immerzu, ich wäre

wach, und ich bin wach, als träumte ich
immerzu, was man so redet, müde
im zug, ich höre jemanden husten

dieser streckenabschnitt ist gesperrt, du
sitzt im zug, der aus der gegenrichtung
an mir vorüberfährt, ein streifen zug im fenster

ich, nicht umgestiegen, die hand noch immer
am telefon und kein empfang im zug, jemand
in der leitung sagte, er sei du, das warst du.

es beginnt, wo es endet*
es beginnt immer hier, im frühjahr, in der warmen luft
es beginnt mit einem atemzug, und so endet es
es beginnt mit einer hand, die um einen schlüssel wächst
es beginnt mit einem schlüssel, und es endet ohne tür.

es beginnt, wo es endet, es beginnt im flur, an einer viel
befahrenen kreuzung nimmst du die erste ausfahrt rechts
wiewohl du keine kreuzung und keine ausfahrt kennst
nicht weißt, dass alles endet und nicht noch mal beginnt.

im flur, wo alle fluchten enden, gehst du hin zu dir
wo der tag dich wärmt, wo die nacht dich kühlt
deine hand ein schlüssel, dein auge ein see. hier
bleibst du, bis du wieder gehst, und es endet ohne tür.

* Auszüge aus dem Band: Nadja Küchenmeister: Im Glasberg, Schöffling & Co., Frankfurt am Main 2020. Textrechte: © Schöffling & Co. Verlagsbuchhandlung GmbH.

NADJA KÜCHENMEISTER

5 Fragen – 5 Antworten

***allmende:** Im März 2020 ist Ihr dritter Gedichtband* Im Glasberg *erschienen – kurz vor dem Lockdown. Inwiefern hat die Corona-Pandemie Sie als Autorin getroffen?*

Nadja Küchenmeister: Kalt erwischte diese Pandemie wohl nur jene, die die Nachrichten nicht verfolgten. Das änderte aber nichts am Schock, den der Lockdown dann tatsächlich ausgelöst hat und sagt noch wenig aus über die Folgen dieser grundsätzlichen Veränderung unseres bisher gekannten Lebens. Man kann sich weder auf die damit einhergehenden Verluste, noch auf die Dauer einer solchen Krise einstellen. Für mich persönlich hieß das: Zwei Wochen, nachdem ich mein Buch zum ersten Mal in Händen hielt, gingen alle Türen zu. Sämtliche Veranstaltungen brachen weg, alle freien Lehraufträge, alle Reisen, die mich mit meinem eigenen Buch versöhnt hätten. Das Jahr des Erscheinens ist, das glaube ich immer mehr, ein Versöhnungsjahr. Man ringt während der Arbeit schon auch sehr mit sich und den Gedichten. Das Buch war also da, aber es war auch nicht da, konnte nicht so recht zur Welt kommen. Nachträglich stellte sich zum Glück heraus, dass das so nicht ganz stimmte.

***allmende:** Wie ist es Ihnen in den letzten Monaten ergangen und wie geht es Ihnen heute? Wie beeinflusst die Situation Sie als Lyrikerin? Welche Folgen hat die Corona-Krise für Ihr literarisches Schaffen?*

Nadja Küchenmeister: Mein Gedichtband ist vor einem halben Jahr erschienen und in den darauffolgenden krisenhaften Wochen und Monaten mochte ich erst einmal nicht mehr an Gedichte denken. Warum auch? Ich hatte ein Buch geschrieben, es sollte leben dürfen. Mir kam alles sinnlos vor, demnach drängte mich nichts an den Schreibtisch, und erst seit kurzem sitze ich wieder genau dort – und das, was da langsam entsteht, wird noch längere Zeit unter Verschluss bleiben. Ich habe das Gefühl, mir Zeit lassen zu dürfen, zu wollen, vielleicht auch zu müssen. Mir ging es dennoch besser als vielen anderen freiberuflichen Künstler*innen, weil ich derzeit an der Kunsthochschule für Medien in Köln *Literarisches Schreiben* unterrichte. Wir haben ein Online-Semester hinter uns, das uns vor neue Herausforderungen stellte, aber der Austausch war da, die Literatur blieb und die finanziellen freiberuflichen Ausfälle trafen mich weniger hart.

***allmende:** Wie sind Sie persönlich durch diese krisenhafte Zeit gekommen?*

Nadja Küchenmeister: Zum einen durch die Hochschule, aber auch durch Schreibaufträge und Radioaufnahmen – und natürlich durch Gespräche mit Freund*innen. In dieser Zeit habe ich viel gelesen, viel Musik gehört, viel gekocht, also eigentlich all das getan, was ich sonst auch tue, aber in einem anderen Bewusstsein. Die große Krise, die uns alle betrifft und betraf, rührt ja auch an eigene persönliche Krisen. Sich diesen zu stellen war in dieser eher einsamen Zeit nicht leicht, aber bis auf das Leben selbst überlebt man am Ende ja doch alles.

***allmende:** Welche Langzeitfolgen erwarten Sie für Schriftsteller*innen und den Literaturbetrieb allgemein?*

Nadja Küchenmeister: Ich möchte nicht spekulieren, allein schon deshalb, weil wir uns noch inmitten dieser Krise befinden. Was man aber jetzt schon weiß und sieht, ist, dass nicht nur Schriftsteller*innen, sondern viele Menschen aus ganz unterschiedlichen Berufszweigen im Augenblick von ihrer Arbeit nicht leben können. Ihre Existenzgrundlage ist fundamental bedroht bis zerstört und sie müssen nun – vielleicht temporär, vielleicht für immer – nach anderen Einkommensmöglichkeiten suchen. Das Bewusstsein für die Vorläufigkeit unserer Existenz hat sich bei einigen geschärft. Wieviel die Menschen davon noch wissen, wenn es hoffentlich einmal anders sein wird, sieht man erst dann. Über die Langzeitfolgen für den Literaturbetrieb vermag ich nichts zu sagen.

***allmende:** Erleben wir eine Zeitenwende?*

Nadja Küchenmeister: Über die Zukunft lässt sich immer erst etwas sagen, wenn sie Gegenwart und irgendwann auch

Vergangenheit geworden ist. Persönliche Zeitenwenden können uns jeden Tag ereilen: Wir verlieben uns, wir trennen uns von jemandem, wir verlieren einen Menschen. Aber die Pandemie ist ein fundamentaler Einschnitt, und zwar weltweit, und was das mit uns allen macht, weiß im Moment noch niemand. Bezogen auf die Kunst: Viele von uns sind es gewohnt, wenig Geld zu haben. So ein Leben ist oft eine Mischkalkulation – und wer mit dem Schreiben beginnt, um davon (gut) leben zu wollen, sollte vielleicht nochmal darüber nachdenken, ob er wirklich den richtigen Beruf ergriffen hat. Aber dennoch ist jetzt alles anders, als wir es bisher kannten, denn selbst jene Möglichkeiten, die einem sonst zur Verfügung standen, um das eigene Werk sichtbar zu machen, fallen gerade größtenteils weg. Und das führt zu einer tiefen Verunsicherung, nicht nur gegenwärtig, sondern eben auch bezogen auf alles, was kommt. Die Zuversicht sollte man darüber nicht verlieren. Auch schmerzhafte Veränderungen können Gutes in der Zukunft bewirken. Aber derzeit kann man wohl jeden Menschen verstehen, der traurig und verzweifelt ist.

NADJA KÜCHENMEISTER, geboren 1981 in Berlin. Studierte Germanistik und Soziologie an der Technischen Universität in Berlin sowie am Deutschen Literaturinstitut in Leipzig. Diverse Lehrtätigkeiten, unter anderem am Deutschen Literaturinstitut und derzeit an der Kunsthochschule für Medien in Köln. Hörspiele und Feature für den Rundfunk. Übersetzt aus dem Englischen (zuletzt, gemeinsam mit Matthias Kniep *Mehrstimmiger Gesang* von Denise Riley, hochroth). Ihr erster Gedichtband *Alle Lichter* erschien 2010, 2014 folgte *Unter dem Wacholder*, 2020 *Im Glasberg*. Vielfach ausgezeichnet, unter anderem mit dem Mondseer Lyrikpreis, dem Ulla-Hahn-Autorenpreis sowie dem Förderpreis des Bremer Literaturpreises.

BJÖRN KERN

Ein Wutanfall

Oder: Von der Sehnsucht nach einer Welt, in der Leben und Zerstören nicht ein und dasselbe sind

Zeit für einen kleinen Wutanfall. Ein Wutanfall voll Unausgewogenheit und Ungerechtigkeit und Einseitigkeit. Wie es sich für einen guten Wutanfall gehört! Ein Wutanfall über den Glauben, uns stünde das alles zu, was Corona uns weggenommen hat. Das Kaufen rund um die Uhr und das Fliegen rund um die Welt (für eine halbstündige Lesung). Immerhin: Wir unterscheiden wieder zwischen überflüssigen und systemerhaltenden Jobs, ein Fortschritt. Aber warum wir dieses System überhaupt erhalten wollen, diese Frage stellen wir nicht. Um die Kliniken nach der Krise wieder dem Markt zu unterwerfen? Um weiter Sklaven in anderen Ländern zu halten, zur Flucht zu zwingen, ertrinken zu lassen? Um noch mehr Boden zu zerstören, damit nach der Krise wieder ein so schönes Wachstum da ist? (Ein so schönes Wachstum, das kommt nämlich nur, indem wir alles komplett und restlos zerstören.)

Zu den systemerhaltenden Jobs hier die systemerhaltende Regel: Findest Du irgendwo Leben (etwa eine Biene oder einen Wald), zerstöre es sofort und vollständig im Namen des Wachstums! Auch Nischenreste von Leben: sofort weg damit! Kleine, persönliche Bitte an dieser Stelle: Wir alle können mithelfen beim Wachstum! Kaufen wir trotz Corona ganz viel, was wir nicht brauchen und schmeißen es sofort wieder weg, um Neukäufen Platz zu machen. Vollprofis vollbringen den Wegwurf gleich während des Kaufs: »shop to junk!« Nur so ist ein Leben in menschlichem Miteinander und in Resonanzerfahrung mit der Natur, dem Körper, der Liebe zu verhindern.

So, kurz durchatmen –

Corona verlangt, was das Klima verlangt: Weniger Mobilität. Weniger Konsum. Weniger Geschwindigkeit. Was nun ein resonantes Leben ausmachen könnte, wird nach Corona aber vor allem an Verzicht und Restriktion erinnern. Denn genau das, was aus dem Mangel einen Mehrwert machen könnte, ist derzeit verboten: der nachbarschaftliche Austausch und der menschliche Kontakt, das Miteinander und Tauschen. Wäre es kein Virus, das unser Leben derzeit lahmlegt, sondern eine Ölkrise, könnten wir uns nun einüben in resiliente Lebensstile. Könnten wir die Städte und die Straßen den Menschen zurückgeben und gemeinsames Urban Gardening betreiben. Könnten wir Tauschringe und Nachbarschaftshilfen organisieren oder auch einfach nur genießen, wie schön es ist, mit Freunden an einem langen Bankett mitten auf dem Stadtring Wein trinken zu gehen. Könnten wir neue Arbeitszeitmodelle ausprobieren, neue Modelle der Kinderbetreuung, der Bedürfnisbefriedigung.

Wenn man so will, lernen wir gerade den Abschied vom Alten, während uns der Ausblick auf's Neue verwehrt bleibt. Auch wenn die Luft über Wuhan in der Krise vorübergehend besser wurde, das Wasser in Venedigs Lagune kristallklar: Langfristig wird Corona dem Klima keinen Dienst erweisen. Aber wir geben nicht auf! Wir alle, die wir ein anderes Leben wollen, eines, das nicht so schnell, nicht so zynisch, vor allem: nicht so zerstörerisch ist. Noch stärker als vor Corona werden wir Bilder einer Zukunft malen und beschreiben, besingen und beschwören, die anders, aber deswegen nicht weniger, sondern in höherem Maße lebenswert ist: Von essbaren Städten und Postwachstum, von Suffizienz und gelingendem Nichtstun, von Aufwertung der Carearbeit und Abwertung der Bullshitjobs – von einer Welt, in der Leben und Zerstören nicht mehr ein und dasselbe sind.

BJÖRN KERN, geboren 1978 in Lörrach, studierte in Tübingen, Passau und Aix-en-Provence Literaturwissenschaften und Geschichte und anschließend am Deutschen Literaturinstitut Leipzig. Der Scheffel-Preisträger (1997) veröffentlichte unter anderem die Romane *Einmal noch Marseille* (2005) und *Die Erlöser AG* (2007), der 2012 für das *ZDF* verfilmt wurde. Ausgezeichnet wurde er unter anderem mit dem Brüder-Grimm-Preis der Stadt Hanau (2007), dem Casa-Baldi-Stipendium der Villa Massimo (2010), dem Alfred-Döblin-Stipendium (2011) und dem Berliner Senatsstipendium (2017). 2019 erhielt er das Stipendium des Landes Brandenburg. Zuletzt erschien von ihm *Im Freien. Abenteuer vor der Tür* (2019). Im Frühjahr 2021 erscheint sein neuer Roman *Solikante Solo*. Björn Kern lebt im Oderbruch. **www.bjoernkern.de | www.instagram.com/bjoern.kern**

PHILIPP STAAB

5 Fragen – 5 Antworten

***allmende:** Sie lehren und forschen an der Humboldt-Universität zu Berlin und haben seit 2019 die Professur ›Soziologie der Zukunft der Arbeit‹ inne. Wie ist die Sichtweise der Arbeitssoziologie? Erleben wir mit und nach Corona eine Zeitenwende?*

Philipp Staab: Was die Arbeitswelt angeht, hat die Pandemie bekanntermaßen gewaltige Veränderungen verursacht. Ein Drittel der Beschäftigten ist kurzfristig ins Homeoffice gegangen, während ein anderer Teil der arbeitenden Bevölkerung noch in der Hochzeit der Pandemie mit erheblichen Risiken die Infrastrukturen des Alltags aufrechterhalten hat. Mit der Normalisierung des Ausnahmezustandes, die wir über den Sommer erlebt haben, ist diese Spontanspaltung der Arbeitswelt wieder ins gesellschaftliche Unterbewusste abgeglitten. Das muss aber nicht so bleiben. Was das Stichwort ›Zeitenwende‹ angeht, lassen sich mit der Soziologie zwei Erwartungen formulieren: Erstens sind die Strukturen des Alltags extrem stabil – nicht nur, weil sie durch Institutionen abgesichert sind, sondern auch, weil Routinen den Menschen selbst Stabilität geben. Das spricht gegen strukturelle Veränderungen im Sinne einer Zeitenwende, wobei man eine stärkere Stabilisierung der neuen Praktiken erwarten darf, je länger die aktuelle Zwischenzeit andauert. Zweitens – und hier wird es interessant – sind langfristige Veränderungen meist der Effekt sozialer Konflikte. In dieser Hinsicht ist die aktuelle Situation noch gar nicht durchdacht. Nehmen Sie den Begriff der ›Systemrelevanz‹: Hier wurde womöglich ein Präzedenzfall für ein neues Verständnis des Werts von Arbeit geschaffen. In der akuten Krise ist die Gesellschaft zu sich selbst gekommen und hat erkannt, was und vor allem *wen* es unbedingt braucht, damit alle mit dem Mindestens versorgt sind. Sie hat kurzzeitig die fundamentale Bedeutung der langweiligen staatsnahen Tätigkeiten, der High-Touch-Berufe im sozialen Sektor und der basalen Dienste des Serviceproletariats als Bedingung ihres Bestehens erkannt. Ob deren Kritikalität sich nun auch als Kritik an der eigenen Marginalisierung Ausdruck verleihen wird und damit die Erfahrung der pandemiebedingten Außeralltäglichkeit zum Anstoß für einen neuen sozialen Konflikt wird, ist eine spannende Frage für die nächste Zeit.

***allmende:** Einer Ihrer Forschungsschwerpunkte ist die Digitalisierung: Wird diese durch die aktuelle Situation beschleunigt? Welche Gefahren für das gesellschaftliche Leben sind damit verbunden?*

Philipp Staab: Auch hier haben wir es womöglich mit einer gesellschaftlichen Bewusstwerdung zu tun. Dass sich auch die digitalen Infrastrukturen in hohem Maße als systemrelevant erwiesen haben, ist ja zu einer Grunderkenntnis der Pandemie geworden. Der relativ geschmeidige Übergang von einer Ökonomie realer Mobilität zu einer der virtuellen Kopräsenz wäre ohne sie unmöglich gewesen. Dabei wird aber im Grunde nur erkannt, was schon lange da ist. In der Industrieproduktion wird in den Maschinen spätestens seit den 1980er Jahren immer mehr digitale Technik verbaut. Zur gleichen Zeit begann sich der Personal Computer in den Büros durchzusetzen und das moderne Unternehmen ist ohne umfassende Software schon lange nicht mehr vorstellbar. Im Konsumentenbereich hat die Digitalisierung nach dem Platzen der Dotcom-Blase um das Jahr 2000 enorme Fahrt aufgenommen. Leitunternehmen des digitalen Kapitalismus wie *Google*, *Apple*, *Facebook* oder *Amazon* sind bekanntlich zu den wertvollsten und wahrscheinlich mächtigsten Konzernen der Welt aufgestiegen. Ihre Systemrelevanz ist uns in Deutschland spätestens mit der Etablierung der Covid-App überdeutlich geworden: *Apple* und *Google*, nicht die Politik, haben die Standards vorgegeben nach denen die Anwendung funktioniert. Dass sie sich dabei für die datenschutzfreundliche Variante entschieden haben, sollte uns nicht darüber hinwegtäuschen, dass es weder Politik noch Zivilgesellschaft waren, die diese Richtungsentscheidung getroffen haben, ja: treffen konnten.

Was die gesellschaftlichen Folgen angeht, müssen wir uns klarmachen, dass die betreffenden Unternehmen sich im Kern durch zwei Aspekte auszeichnen. Erstens haben sie eine enorme Marktmacht ausgebildet, die sich während des Lockdowns besonders gut beobachten ließ. *Amazon* beispielsweise priorisierte bestimmte Güter gegenüber anderen und konnte so letztlich entscheiden, was auf dem Markt vorhanden war und was nicht. Zweitens sind sie zu entscheidenden Kuratoren digitaler Öffentlichkeiten geworden. Dabei ist die Prioritätensetzung klar: Chancen auf Viralität hat, was sich auf den Aufmerksamkeitsmärkten des kommerziellen Internets bewährt. Wir haben es mit privatisierten Öffentlichkeiten zu tun, deren Strukturen sich vollends nach dem Primat der sie finanzierenden Werbeindustrie richten. ›Kulturindustrie‹ wäre hier noch ein Euphemismus. Stand diese für einen durch Konsum erkauften »staatsbürgerlichen Privatismus« (Jürgen Habermas), haben wir es heute mit einem privatisierten Populismus der Werbeindustrie zu tun.

***allmende:** Büroräume in Innenstädten stehen leer, weil viele Menschen zu Hause arbeiten. Wird die Arbeit im Homeoffice zum Dauerzustand? Was sind die Konsequenzen für das soziale Zusammenleben?*

Philipp Staab: Ich gehe nicht davon aus, dass das Homeoffice zum neuen Standard wird. Vorstellbar ist sicherlich, dass mehr Beschäftigten als bisher ein, zwei oder sogar drei Tage Homeoffice pro Woche ermöglicht werden. Die Frage, die im Moment niemand stellt, ist aber: Wollen die Menschen eigentlich dauerhaft in diese lose Kopplung zum Unternehmen geraten? Wir sollten nicht vergessen, dass die Euphorie über das Homeoffice einer Situation entspringt, in der man sich außerhalb der eigenen vier Wände als äußerst bedroht emp-

fand. Verschwindet das Risiko – ob real oder imaginiert – wird der soziale Kontakt wieder zu einer Sache, nach der sich viele Leute sehnen. Das liegt nicht zuletzt daran, dass das Homeoffice erfolgreich vor allem jene Teile der Arbeit erhalten konnte, die viele Leute gerade nicht so sehr schätzen: Ja, die formal bestimmbaren Aufgaben konnten weiter erledigt werden – oft offenbar sogar mit höherer Produktivität. Was sich nicht so einfach abbilden lässt, sind die informellen Aspekte. Informalität ist aber nicht nur gut für die Menschen, weil sie sich beispielsweise beim Kaffee gerne über ihre Hunde unterhalten. Sie ist auch eine Ressource für Unternehmen, weil entscheidendes Wissen häufig auf der informellen Ebene weitergegeben wird.

Für Beschäftigte wiederum kommt ein weiterer Punkt hinzu: Karrieren sind in den letzten 20 Jahren eher prekärer, also unsicherer geworden. Informelle Beziehungen können unter diesen Bedingungen Erwartungssicherheit stärken, etwa wenn man dem/der Chef*in vertrauen kann, dass er oder sie schon die Hand über einen halten werden. Im Homeoffice können solche Bindungen, die wie gesagt auch für das Funktionieren von Arbeitsprozessen entscheidend sind, nicht mehr gut geknüpft werden. Das Homeoffice lebt – wenn Sie mir diese Trivialisierung des Böckenförde-Diktums erlauben – von Bedingungen, die es selbst nicht garantieren kann.

***allmende:** Privilegiert sind diejenigen Arbeitnehmer*innen, die über optimale Arbeitsbedingungen zu Hause verfügen: Ruhe, ein gut ausgestattetes Büro, eine stabile und schnelle Internetverbindung. Inwieweit wird sich die soziale Ungleichheit durch die Arbeit im Home-*

office und Homeschooling bzw. digitales Lernen zukünftig noch verschärfen?

Philipp Staab: In der Verlagswelt konnten Sie 2020 eine interessante Entwicklung beobachten. Offenbar wurden überdurchschnittlich viele Bücher von Autor*innen fristgerecht oder früher als vereinbart abgegeben. Gleichzeitig mussten überdurchschnittlich viele Bücher verschoben werden, weil die Autor*innen offenbar gar nicht in der Lage waren zu liefern. Wenn Sie darüber nachdenken, wie diese Situation zustande kommt, liegt ein einfacher Schluss nahe: Die einen haben minderjährige Kinder, die anderen nicht. Soziologisch betrachtet könnte man daraus schließen, dass die von Ihnen angesprochenen Umstände vor allem Menschen betreffen, die in der absoluten Belastungsspitze ihres Lebensverlaufs stehen: Die entscheidenden Weichen für das restliche Leben werden heute in den 30ern gestellt. Hier entscheidet sich sowohl, ob man sich für eine gute Karriere positioniert, als auch, ob man im Privaten der Verantwortung für die zumeist jungen Kindern nachkommt. Dabei haben die einen mehr Ressourcen als andere, um diesen Herausforderungen zu begegnen. Es sind dabei weniger die Fragen der digitalen Infrastrukturen, die entscheidend sind – wer ins Homeoffice durfte konnte sich in aller Regel wohl auch funktionierendes Internet leisten. Es sind vielmehr erwartbare Faktoren die durchschlagen: Klassenlage, Bildungsstand, Geschlecht und Alter.

***allmende:** Onlineshopping boomt – das zeigte sich insbesondere während des Lockdowns. Die Menschen bestellen lieber im Internet als die Geschäfte in den Innenstädten zu besu-*

chen. Was impliziert dies für das urbane Leben und für die Stadtplanung?

Philipp Staab: Es bedeutet, dass der Druck auf den stationären Einzelhandel weiter zunimmt und diesen – nebenbei bemerkt – auf diesem Weg in systematische Abhängigkeit von den Herrschern des Ecommerce treibt. *Amazon* war während des Lockdowns nicht nur einer der wenigen Orte, an denen Konsumenten noch einkaufen konnten. Es war auch für viele Ladenbesitzer die einzige Möglichkeit, Einnahmen zu generieren. Stellt man seine Produkte als Dritthändler bei *Amazon* zur Verfügung, ist das natürlich nicht umsonst. Der Konzern hält bei jeder Transaktion die Hand auf und schöpft damit Gewinne von kleineren Händlern ab. Auf Dauer wird der Ecommerce daher den stationären Einzelhandel nicht retten. Gleichzeitig fehlt es an Konzepten für die Revitalisierung der Innenstädte jenseits des Shoppings. In vielen Städten wachsen bis heute die Einkaufsflächen, allerdings ohne dass dadurch mehr Beschäftigung entsteht – ein Zeichen für die extrem dünnen Margen in diesem Bereich. Hinzu kommt, dass Boden und Immobilien zumindest in den Metropolen teurer werden. Diese Kombination kann auf Dauer nicht gut gehen. Denn die Profitinteressen, die mit der Stadt verbunden sind, lassen sich einerseits im Shopping immer schlechter realisieren. Andererseits blockieren aber die Interessen der Immobilienindustrie, dass wirklich Raum für Neues entstehen kann, das dem Profitinteresse entzogen ist. Ich gehe vor diesem Hintergrund davon aus, dass die Innenstädte wesentlich politischer werden, weil sich an ihnen der Konflikt zwischen privater Rendite und öffentlichem Interesse kristallisiert.

PHILIPP STAAB, geboren 1983 in Nürnberg, studierte Soziologie, Politikwissenschaft und Psychologie in Kassel und Paris X-Nanterre. 2013 wurde er mit einer Arbeit über Macht und Herrschaft in der Servicewelt promoviert und arbeitete als wissenschaftlicher Mitarbeiter unter anderem in Hamburg und Kassel. Von 2018 bis 2019 vertrat er die Professur ›Technology Studies‹ an der Universität St. Gallen. 2019 wurde er auf die Professur ›Soziologie der Zukunft der Arbeit‹ an der Humboldt-Universität zu Berlin berufen. Er veröffentlicht zahlreiche wissenschaftliche Publikationen. Zuletzt erschien *Digitaler Kapitalismus. Markt und Herrschaft in der Ökonomie der Unknappheit* (2019).

www.sowi.hu-berlin.de/de/lehrbereiche/zukunftarbeit/mitarbeiter_innen/pstaab/person

PETER STAMM

Corona-Tagebuch*

Denn nicht nur das Coronavirus,
auch Panik ist ansteckend.

20.3.2020
Es liegt beim Coronavirus nahe, Parallelen zu hochansteckenden Krankheiten aus der Vergangenheit zu suchen, etwa zur Pest im 14. Jahrhundert. Ich glaube, es war dieser Bericht auf *SRF4*, der mich dazu bewog, meinen Medienkonsum einzuschränken. Nicht dass Medizinhistoriker Flurin Condrau seine Sache nicht gut gemacht und der Journalistin erklärt hätte, dass die zwei Krankheiten rein gar nichts miteinander zu tun hätten. Wenn der Papst einen Schnupfen hat, kann man auch Parallelen zur Kreuzigung Jesu suchen. Aber soll man? Ich habe mich jedenfalls entschlossen, nur noch ein- oder maximal zweimal am Tag Radio zu hören oder die Zeitung zu lesen und Berichte wie diesen ganz zu ignorieren. Denn nicht nur das Coronavirus, auch Panik ist ansteckend. Jedenfalls fühle ich mich seither schon ein bisschen gesünder, ohne jemals krank gewesen zu sein.

22.3.20
Ich suche nach einem Wort. Angst trifft mein Gefühl nicht, denn Angst habe ich nicht vor dem Virus. Das englische ›gloom‹ ist mir eingefallen, als ich nach einer genauen Übersetzung suche, finde ich »Trübsinn, Schwermut, Finsternis, Düsterheit«. Aber auch das trifft es nicht. Am ehesten könnte man das Gefühl als ein Rezept beschreiben: Man nehme etwas Sorge, etwas Nervosität, etwas Verwunderung, ziemlich viel Unruhe, ein paar Vorahnungen, Unentschlossenheit, Antriebslosigkeit und doch auch eine Prise Zuversicht. Das Gefühl kommt und geht in Wellen. Manchmal verschwindet es ganz, und ich denke, was viele sagen: Uns geht es ja gut, kein Vergleich mit dem, was andere Menschen erleben und aushalten müssen, nur keine Wehleidigkeit. Räum dein Büro auf, führe die Buchhaltung nach, geh spazieren. Aber Gefühle lassen sich nicht mit Argumenten bekämpfen, man hat sie einfach, bis sie anderen Platz machen.

24.3.2020
»Nach Corona wird nichts mehr sein wie zuvor«, hieß es gestern in einem Artikel von Wolfgang Sofsky in der *NZZ*, heißt es jetzt an vielen Orten. Dasselbe las man nach 9/11, und es hat mich schon damals so genervt, dass ich eine Woche nach den Anschlägen in der längst verschwundenen Gratiszeitung *Metropol* Folgendes schrieb: »Nach diesem Tag werde alles anders sein, sagten die einen, und die anderen, es sei der Beginn einer neuen Zeitrechnung oder des 21. Jahrhunderts. Aber das ist Unsinn.

Als 1994 fast achthunderttausend Tutsis von Hutu-Milizen umgebracht wurden, sprach kein Mensch vom Beginn einer neuen Zeitrechnung, und niemand fand damals, dass die Welt nie mehr sein werde wie vorher.« Wolfgang Sofskys Text ist weit weniger alarmistisch, als die *NZZ* ihn übertitelt hat, aber entlarvend ist vielleicht dieser Satz: »Doch wenn Tod und Überleben zum zentralen Thema der Gesellschaft werden, erlangt derjenige besonderes Charisma, der den Ausnahmezustand ausruft.« Es wimmelt im Moment von Untergangspropheten und sie kriegen mehr Gehör als jene, die mit Vernunft und Augenmaß argumentieren. Wir sind in einer Krise, ja, aber die Welt bricht nicht zusammen. Schon jetzt setzt die Krise viel kreatives Potenzial frei, und wenn sie einmal ausgestanden ist, wird es noch viel mehr sein. Unser Wirtschaftswachstum wird in diesem Jahr bestimmt kleiner sein als in den Jahren zuvor, und vielleicht werden ein paar Leute begreifen, dass eine Wirtschaft nicht jedes Jahr wachsen muss, um zu überleben, und dass es noch andere wichtige Dinge gibt als das BIP. Sicher aber wird die Welt nach der Krise ziemlich schnell wieder die sein, die sie war. Inklusive der Leute, die auch beim nächsten Schock wieder behaupten werden, die Welt werde nie mehr dieselbe sein. Diese Meinung ist nicht sexy, nicht aufregend, hat kein »besonderes Charisma«, aber ich wette, dass es so sein wird.

27.3.20

Schreiben hat viel mit Energie zu tun. Wenn mir ein literarischer Text nicht gefällt, hat es oft weniger mit der Sprache oder dem Inhalt zu tun als damit, dass er keine Energie hat, keine Kraft, keine Entschiedenheit. Die Energie kann beim Schreiben von überallher kommen, wer verliebt ist, steckt seine Liebe in den Text, wer wütend ist, seine Wut, wer glücklich ist, sein Glück, wer unglücklich ist, sein Unglück. (Hass, denke ich, macht keine guten Texte.) Hauptsache, der Text enthält die Kraft des Gefühls, das der Autor oder die Autorin empfindet. Die Aufgabe wäre es nun, die Kraft der Gefühle, die die gegenwärtige Situation erzeugt, in den Text zu bringen. Bis vor ein paar Tagen gelang es mir nicht, die Energie war zu ungerichtet, die Gefühle waren zu verworren, aber seit ein, zwei Tagen scheint sich etwas zu klären und es könnte gelingen. Aber the road is long, es kann noch alles schiefgehen. Das ist das Schöne an diesen Expeditionen ins Ungewisse, die Schreiben bedeutet.

31.3.2020

Peter Bichsel in der *NZZ* am Sonntag, die ich wie so oft erst am Montag lese, auf die Frage, ob er nie ein Tagebuch geführt habe: »Ich habe es immer wieder versucht, aber ich hatte nicht das geringste Talent dazu. Es ging mir damit wie mit dem Fotografieren. Wenn ich mit einer Kamera in der Hand herumgegangen bin, wurde die Welt viereckig. Das heißt, ich suchte Motive. Wenn ich anfing, Tagebuch zu führen, begann ich, fürs Tagebuch zu leben, mir Leute oder Beizen auszusuchen in Hinblick darauf, ob sie interessant genug wären für meine Aufzeichnungen. Das Tagebuch versaute mir das Leben.« (Und noch so ein schöner Bichselsatz: »Vielleicht kommt die Literatur nur daher, dass es so viele schlechte Turner gibt.«)

2.4.2020

Schreiben hat – wie alle Künste – nicht nur mit Energie zu tun, sondern auch mit

Präsenz. Der Titel von Marina Abramovics Performance, *The Artist Is Present*, könnte wohl für die meisten gelungenen Kunstwerke gelten. Präsenz ist in unruhigen Zeiten besonders schwer zu erreichen, ich bin ziemlich sicher, dass in ruhigen, in langweiligen Zeiten die bessere Kunst entsteht als in Krisenzeiten. Die Ablenkung kommt nicht nur von außen, sondern auch aus dem eigenen Kopf, wenn die Gedanken sich drehen, Probleme einen beschäftigen. Meine Taktik, mich zu konzentrieren, ist, mich zu langweilen. Ich lege Patiencen auf dem Computer, wohl das langweiligste Spiel, das jemals erfunden wurde, bis ich ganz ruhig bin und an nichts mehr denke als an den Text. Wenn das nichts hilft, bleibt mir nur noch das Spazierengehen, die immer gleichen Wege.

20.4.20
Nachdem eine Woche lang fast gar nichts passiert ist am Roman, bin ich heute Morgen mit einem Satz im Kopf aufgewacht, dann kam noch einer dazu, ein Bild, ein Buch, an das ich mich erinnerte. Und vor allem das Gefühl, dass es gelingen könnte, dass es einen Sinn hat, an diesem Projekt weiterzuarbeiten und dass die Arbeit schön sein könnte, spannend.

24.4.
Ich merke gerade, dass ich seit längerer Zeit keine Befindlichkeit mehr rapportiert habe. Aber ehrlich gesagt käme mir das etwas verwegen vor. Ich bin mich gewöhnt, zu Hause und ganz für mich zu arbeiten, wir haben genug Platz und sogar einen Garten, in dem wir uns vertun können und mein Einkommen leidet zwar ein wenig, aber nicht in einem Maß, in dem es bedrohlich wird. Stattdessen denke ich ganz oft an jene, denen es viel schlechter geht, den Restaurants. in denen ich gerne esse, den Veranstaltern, die mich zu Lesungen einladen, den Buchhändlerinnen, die meine Bücher verkaufen. Drum noch einmal den Aufruf: «Support your local heroes!» Wenn ihr es euch leisten könnt, kauft Bücher, Kleider, Essensgutscheine, bestellt Blumen. Und wenn die ersten Lockerungsschritte in Kraft treten, kauft Setzlinge, lasst euch die Haare schneiden, den Rücken massieren, meinetwegen Krallen auf eure Fingernägel kleben. Hauptsache, wir sind solidarisch.

6.5.20
Als ich ein Kind war, war Konstanz für uns die nächste Stadt (sorry, Frauenfeld). Wir waren nicht oft da, aber ein Teil des Vergnügens war es, dass wir beim Grenzübertritt die Ausweise zeigen mussten. Später wurde es ganz selbstverständlich, die Grenze einfach so zu passieren. Nicht als Einkaufstouristen, ganz einfach, weil Konstanz und der Thurgau zusammengehören wie Basel und Lörrach oder Chiasso und Como. Man lebt in unterschiedlichen Ländern unter unterschiedlichen Gesetzen, aber kulturell ist man verbunden, man besucht sich, heiratet sich, arbeitet zusammen. Von Gottlieben, von meiner Schreibklause aus bin ich zu Fuß zur Grenze gegangen. Schon von Weitem sah ich ein Armeefahrzeug dort stehen, Soldaten, die die Grenze bewachten, wie wohl seit fünfundsiebzig Jahren nicht mehr. Die Grenze selbst war mit einem doppelten Zaun gesichert, an den sich von beiden Seiten Menschen lehnten, die miteinander sprachen, wie Nachbarn von ihren Balkonen aus. Zugleich ein trauriges Bild und ein hoffnungsvolles.

7.5.20
Eines der großen Rätsel bei den Maßnahmen gegen die Corona-Krise sind die Geldbeträge. 280 Millionen für die Kultur, 65 Millionen für die Kinderbetreuung oder besser 100 Millionen? 67 Millionen für den Tourismus, 50 Millionen für Geschäftsmieten, 1,275 Milliarden Kredite für die Luftfahrt. Wer denkt sich diese Beträge aus? Begründet wird nie einer, es geht nur immer um mehr oder weniger. Und dann gibt es den Fall der Churer Buchhändlerin, von dem die WOZ berichtet. Sie kriegt Fr. 1.60 pro Tag dafür, dass sie ihren Laden schließen musste. Und jenen der befreundeten Musikerin, die Fr. 20.– pro Tag kriegt, weil sie keine Konzerte mehr geben kann. Ein Muster ist erkennbar: Wer bisher wenig verdient hat (auch wenn er viel gearbeitet hat), kriegt jetzt noch weniger. Das soll wohl auf eine verquere Art gerecht sein. Denn Krise hin oder her, wir wollen doch auf keinen Fall eine gerechtere Gesellschaft, wenn die Situation sich wieder beruhigt hat. Ich bin kein Freund des bedingungslosen Grundeinkommens, aber ein bisschen bedingungsloser könnten die Unterstützungsgelder in der Krise schon verteilt werden. Es sollte nicht darum gehen, die gesellschaftlichen Unterschiede zu zementieren, sondern Menschen beim Überleben zu helfen.

11.5.2020
Wenn man am Schreiben ist, fließt – selbst wenn man Romane schreibt, die in der Zukunft oder der Vergangenheit spielen – die eigene Zeit wohl immer mit in den Text ein, oft von Tag zu Tag. Regnet es wochenlang nicht, wird das auch das Wetter in meinem Roman beeinflussen, der Supermond, der gelegentlich auftritt, hat es schon in zwei meiner Texte geschafft und – wie ich kürzlich durch Zufall feststellte – auch in einen Song von Sophie Hunger. Man könnte meinen, diese Zufälligkeit widerspreche dem künstlerischen, jedes Wort, jede Note, jeder Pinselstrich müssten bewusst geschrieben oder gesetzt sein, aber kein Kunstwerk wächst in der sterilen Umgebung eines Labors, ich denke, es braucht die kleinen Zufälle, Verunreinigungen, selbst Fehler, um der Kunst ihre Lebendigkeit zu geben. Ein Satz des Protagonisten meines neuen Romans hat ganz bestimmt mit der gegenwärtigen Situation zu tun, in der die Zeitungen voll sind mit Meinungsbeiträgen und jeder mittelmäßige Politiker sich zum Seuchenspezialisten berufen fühlt: »Meinungen auszutauschen hat mich nie interessiert. Ich versuche, keine Meinungen zu haben, sie stören nur und bringen Unruhe ins Leben und Unzufriedenheit.«

P. S.: Ich habe natürlich schon Meinungen, aber ich finde es nicht nötig, sie dauernd und mit jedem zu teilen. Vor allem, wenn sie nicht auf Wissen basieren, sondern eben einfach nur Meinungen sind.

19.5.2020
Dieses Tagebuch neigt sich seinem Ende zu, aber glücklicherweise gibt es nicht nur das Internet, um sich lesend zu verweilen. Neben all den tollen Büchern, die im Moment erscheinen, haben wir die ganze Literaturgeschichte zu unserer Verfügung, Werke, die uns nicht nur unterhalten, sondern uns auch lehren, wie wir in schwierigen Situationen überleben können. Als Kind liebte ich Abenteuergeschichten, aber bald schon suchte ich an-

deres in Büchern als Unterhaltung, las, um mich und die Welt zu verstehen. Für einen ungläubigen Menschen – oder Heiden, wie ein amerikanischer Freund mich gerne nannte – ist eine der zentralen Fragen, wie man mit der Sinnlosigkeit umgeht, wie man am Leben bleibt und das Leben liebt, auch wenn man sicher ist, dass es weder ein Davor noch ein Danach gibt. Es gibt wohl kein besseres Mittel, Antworten auf diese Frage zu finden als die Literatur. Und viele Autoren haben Antworten gefunden, keine endgültigen, aber hilfreiche, und haben wunderbare und merkwürdige Werke geschrieben über Menschen, die die Leere nicht nur akzeptieren, sondern ihre Schönheit erkennen und mit Würde darin leben.

Georges Perec: *Ein Mann der schläft*
Ein Student entscheidet sich, nicht zu einer Prüfung zu gehen und dann, überhaupt nur noch zu Hause zu sitzen ohne Ziel und ohne Ambitionen. In wunderbarer Sprache beschreibt Georges Perec dieses gleichförmige Leben und wie der Student wieder daraus herausfindet.

Adolfo Bioy Casares: *Morels Erfindung*
Ein Flüchtiger versteckt sich auf einer einsamen Insel, aber irgendwann merkt er, dass andere Menschen auf dieser Insel sind. Er nähert sich ihnen vorsichtig, verliebt sich in eine Frau, nur um zu merken, dass er einer Täuschung aufgesessen ist, Morels verrückter Erfindung.

Kobo Abe: *Die Frau in den Dünen*
Ein Insektenforscher verpasst den letzten Bus und muss die Nacht in einem kleinen Dorf in den Dünen verbringen, im Haus einer alleinstehenden Frau. Als er am nächsten Morgen gehen will, merkt er, dass die Dorfbewohner ihn gefangen halten, damit er ihnen im Kampf gegen die Düne helfe, die droht, das Dorf zu verschlucken.

Antonio di Benedetto: *Zama*
Don Diego de Zama ist ein spanischer Beamter in einem kleinen Aussenposten in Paraguay im 18. Jahrhundert. Er hofft nach Buenos Aires versetzt zu werden, aber die Versetzung lässt auf sich warten, und Zama verbringt Jahre des Stillstands, getrennt von seiner Frau in der ungesunden Hitze der lateinamerikanischen Provinz. Das Buch spielt zwar in der Vergangenheit, aber es ist viel mehr als ein historischer Roman.

Dag Solstad: *T Singer*
Das Buch erzählt das Leben eines Bibliothekars, dessen stärkstes Gefühl die Scham zu sein scheint und der seine Gefühle nicht nur vor den Lesern, sondern auch vor sich selbst zu verbergen scheint. Ein seltsames Buch, in dem nicht viel passiert und das einen doch nicht loslässt.

20.5.20
Seit einigen Jahren besuche ich mit meinem Freund Andreas Nentwich Dichtergräber, zufällig haben wir damit angefangen, inzwischen ist es eine Gelegenheit geworden für gemeinsame Spaziergänge und Gespräche über die Literatur und das Leben. Gestern wollten wir eigentlich das Grab von Robert Walser in Herisau besuchen, das wäre ein schöner Abschluss für dieses Tagebuch gewesen, aber dann kam etwas dazwischen und wir mussten den Spaziergang auf nächste Woche verschieben. Trotzdem möchte ich mit Robert Walser enden, der sich mehr oder weni-

ger freiwillig in eine Art Quarantäne begab und die letzten siebenundzwanzig Jahre seines Lebens in psychiatrischen Kliniken verbrachte, immer weniger schrieb und nur noch spazierte. Sein letztes Werk ist vielleicht dieser lange Spaziergang in den Tod, ein Werk ohne Worte, weil Worte irgendwann nicht mehr genügen und das Verstummen ohnehin unser aller Schicksal ist. R. I. P.

* Auszug aus dem Buch: Bettina Spoerri, Anne Wieser (Hrsg): Schwellenzeit, Midas Verlag, Zürich 2020. Abdruck mit freundlicher Genehmigung des Aargauer Literaturhauses, Textrechte: © Aargauer Literaturhaus, Website: www.aargauer-literaturhaus.ch

PETER STAMM

5 Fragen – 5 Antworten

***allmende:** Sie haben während des Lockdowns ein Corona-Tagebuch für das Aargauer Literaturhaus verfasst, das im Netz frei zugänglich ist – ein digitales Krisen-Tagebuch. Wie sind Sie persönlich durch diese krisenhafte Zeit gekommen?*

Peter Stamm: Am Anfang war ich ziemlich verunsichert, aber das legte sich nach vielleicht einer Woche. Danach ging es eigentlich ganz gut. Viele Lesungen wurden abgesagt, ich musste auf Reisen nach Österreich, Frankreich, Italien, Deutschland und in die USA verzichten – dafür hatte ich viel mehr Zeit zu schreiben, was eigentlich ganz schön war. Und da meine Kinder schon etwas älter sind und kein Problem mit der Fernschule hatten und wir nahe am Wald wohnen, hatte die Zeit sogar ihr Schönes.

***allmende:** Momentan arbeiten Sie an vielen verschiedenen Projekten gleichzeitig: einem Roman, einem Kinderbuch, einem Libretto bzw. Musiktheater sowie an der Kuratierung der Wiesbadener Literaturtage 2021. Im Herbst 2020 ist Ihr neuer Erzählband* Wenn es dunkel wird *erschienen. Hoffen Sie, dass es wieder Lesereisen geben kann?*

Peter Stamm: Ich hatte schon wieder erste Lesungen und bin sehr froh darüber. Aber in diesem Herbst werde ich viel weniger reisen als sonst. Das ist nicht nur finanziell eine Einbuße – ich habe auch gemerkt, wie sehr eben auch die Literatur eine performative Kunst ist. Bei Lesungen werden Texte lebendig und ich habe Kontakt zu meinem Publikum, was ich sehr schätze und was mich auch bereichert.

***allmende:** Welchen Einfluss hat die Pandemie auf Ihre Arbeit? Welche Folgen hat die Corona-Krise für Ihr literarisches Schaffen?*

Peter Stamm: Mein Schreiben hat sich nicht wesentlich verändert oder jedenfalls nicht mehr, als es das ohnehin von Buch zu Buch tut. Aber die Krise ist inhaltlich in den Roman eingeflossen, der nächstes Jahr erscheinen soll. Normalerweise reagiere ich viel langsamer auf die Außenwelt, aber diesmal haben sich die Ereignisse ganz direkt auf die Handlung des Romans ausgewirkt. Die Krise hat sich einfach perfekt in mein Buch eingefügt, das war nicht geplant und ich mache mir sogar eher Sorgen, dass man mir einen Vorwurf daraus machen wird.

***allmende:** Die Corona-Krise trifft die Literatur hart. Welche Langzeitfolgen erwarten Sie für*

*Schriftsteller*innen und den Literaturbetrieb allgemein? Erleben wir eine Zeitenwende?*

Peter Stamm: Ob es eine Zeitenwende ist, wird man wohl erst in zehn Jahren beurteilen können. Die Klimakrise ist bestimmt viel einschneidender als Corona. Interessant ist die Verbindung der beiden Krisen. In der Corona-Krise hat sich gezeigt, dass die Welt sehr schnell und sehr massiv auf Probleme reagieren kann. Gerade viele junge Menschen erwarten nun wohl, dass auf die Klima-Krise ähnlich entschlossen reagiert wird. Im besten Fall geschieht dies auch und es könnte etwas Gutes aus diesen beiden Krisen entstehen. Was die Literatur angeht, so ist sie ja schon lange in der Krise, vielleicht schon immer gewesen. Ich glaube, sie ist ziemlich krisenresistent, passt sich an, kann auch unter schwierigen Bedingungen überleben. Dass viele Autorinnen und Autoren unter prekären Bedingungen leben, hat nie wirklich viele Menschen gekümmert.

***allmende:** Was kann Literatur in diesen krisenhaften Zeiten bewirken? Inwiefern kann Literatur etwas zum Positiven verändern?*

Peter Stamm: Ich denke, sie hat dieselbe Rolle, die sie immer gehabt hat, die eben gerade nicht vom Tagesgeschäft abhängig ist. Literatur ist primär Kommunikation: Sie bringt Menschen zusammen über die Zeiten und über die ganze Welt. Sie ist eine Gegenwelt, die die Menschen selbst erschaffen haben, und die sich vielleicht am ehesten dadurch von der realen Welt unterscheidet, dass in ihr die Zeit und damit der Tod überwunden wird.

PETER STAMM, geboren 1963 in Weinfelden (Schweiz). Nach einer kaufmännischen Lehre studierte er einige Semester Anglistik, Psychologie und Psychopathologie an der Universität Zürich. Seit 1990 arbeitet er als freier Autor und Journalist. Er schrieb Reportagen und Satiren – unter anderem für die *Neue Zürcher Zeitung*, den *Nebelspalter* und das Magazin des *Tages-Anzeigers* – sowie zahlreiche Hörspiele und Theaterstücke. 1998 erschien sein erster Roman *Agnes*, der mit dem Rauriser Literaturpreis 1999 ausgezeichnet wurde. Seither erschienen fünf Erzählsammlungen und sechs weitere Romane. Seine Werke wurden in 39 Sprachen übersetzt. 2013 war Peter Stamm Mainzer Stadtschreiber und stand auf der Shortlist des Man Booker International Prize. 2014 hatte er die Poetik-Professur an der Universität Bamberg inne. Peter Stamm erhielt zahlreiche Auszeichnungen, unter anderem 2018 den Schweizer Buchpreis für *Die sanfte Gleichgültigkeit der Welt*. Zuletzt erschien die Erzählsammlung *Wenn es dunkel wird* (2020).

www.peterstamm.ch

LUTZ SEILER

drüben stehen die robinien

drüben stehen die robinien, meine freunde
& haben zu tun.
während ich am tisch so still bin wie ein ding
versuchen sie alles: schnelles wachstum, rinde
blütenschnee.

ein leben, das heißt siebzig
oder achtzig liter tränen
einhunderttausend träume (circa) & zwanzig
millionen wimpernschläge.
etwa tausendsiebenhundert menschen
gibt es, die wir kannten – manche (freilich)
müssen gehen, wie man sagt & manche

bleiben noch ein weile.
o robinienblütenschnee! es schneit
& schneit & liegt hier überall
im gras & auf den fensterbänken.
unauffindbar sind die toten.

in den fellen der vögel
hocken sie dort, auf einem ast
& schweigen mich an.
als hätte es sie nie gegeben.

in schreibschrift geschrieben

weil kiefern sind wie zum erinnern
dachtest du an HEIKO, deinen kolbenfüller
aus dem schmiergerätewerk:
aufstrich, abstrich, kleiner bogen
großer bogen, in tinte ertrunken
& immer das löschblatt gerade verschwunden …

einmal hat dein vater dir
aus düsseldorf geschrieben & einmal
sogar aus wien, einundsiebzig:
ein pferd, ein fiaker in farbe, »das ist vom vati!«
hat deine mutter gerufen, die karte
steckte noch jahre im flur
hinter der garderobe (man sagte *gahrdrohbe*)

im luftreich fallen die fußspuren ab. mit jedem
schritt durch diese weiten … auch du
bist angekommen in der schrift, du schreibst
& hast es nie erreicht. & was erreicht?

das kiefernlicht.
erst weiß, dann gold, am ende blut
in ihren spitzen, so
dreht der tag auf rinde seine runde … du
möchtest jetzt am holzplatz bleiben (ungeplant), du denkst
an füllfederstunden –

tage-läuten, tage-pfeifen

tage-läuten, tage-pfeifen –
da ist das schauen angebracht;
du atmest ein, das bild vertieft
die mulde vor dem mund. der atem

schwer, der stoff vertieft
bis ins gebiss: »man sieht
nur was vorüberzieht.« heißt
bleiben, stottern, weiterschreiben

LUTZ SEILER, geboren 1963 in Gera, studierte nach einer abgeschlossenen Lehre als Baufacharbeiter Geschichte und Germanistik in Halle (Saale). 1990 ging er nach Berlin. Längere Auslandsaufenthalte in Rom, Los Angeles und Paris. Seit 1997 leitet er das literarische Programm im Peter-Huchel-Haus bei Potsdam. Er schrieb zunächst vor allem Gedichte (vier Gedichtsammlungen sind erschienen) und Essays, später auch Erzählungen und Romane. 2007 erhielt er für seine Erzählung *Turksib* den Ingeborg-Bachmann-Preis. Sein Romandebüt *Kruso* wurde 2014 unter anderem mit dem Uwe-Johnson-Preis und dem Deutschen Buchpreis ausgezeichnet. Der Roman wurde in 25 Sprachen übersetzt. 2015 hatte er die Heidelberger Poetikdozentur inne. Für seinen aktuellen Roman *Stern 111* (2020) erhielt er den Preis der Leipziger Buchmesse 2020. Lutz Seiler lebt als Autor in Wilhelmshorst bei Berlin und Stockholm.

www.lutzseiler.de

EVA MENASSE

Dunkelblum*

Den geflickten Schurl zog es an diesen glühenden Hochsommerabenden unwiderstehlich an seine südwestliche Grundstücksgrenze, wo er auf und ab ging und rauchte. Hier standen die schönsten Obstbäume Dunkelblums, uralte Majestäten, die seit vielen Jahrzehnten trugen und seiner Familie aus Handlangern und Hilfsarbeitern ein dringend benötigtes Zusatzeinkommen bescherten. Das Leben war von diesem Obstgarten geprägt, seit sein Vater ihn an sich gerissen hatte; seit damals mussten er und seine Geschwister bei Pflege, Ernte, Lagerung und Verkauf helfen. Er erinnerte sich gut an die Tage, als die Mauer gebaut wurde, mit der die eindrucksvollen Baumreihen – fast hätte man es eine Plantage nennen können – dem Besitz seiner Familie zugeschlagen wurden. Schurls Vater und Großvater hatten beherzt gehandelt. Während andere noch dem Horka zur Hand gingen, indem sie Türen eintraten und Lastwagen besorgten für die, die nicht sofort abreisten, während sie Listen schrieben und den Tempel verwüsteten, organisierten Schurls Leute schon fieberhaft Ziegel und Mörtel, so viel sie nur kriegen und mit Müh und Not transportieren konnten. Als der kleine Schurl, verschwitzt vom Ziegelschupfen, fragte, ob endlich das Haus vergößert werde, weil ja schon wieder ein Kleines komme, lachte der Vater nur. Wirst schon sehen, Bua, sagte er und warf dem Großvater Blicke zu. Der erste Ziegelstein für die Mauer wurde fast im selben Augenblick gesetzt, in dem der letzte Angehörige des Haushalts derer von Rosmarin über die Türschwelle der Villa trat – die Rosmarins schlossen sozusagen vorne die Tür, und hinten, hinter dem kleinen, aber geschmackvollen Park wurde begonnen, die Mauer hochzuziehen. Was kurz davor geschehen war, hatte sich herumgesprochen: dass nämlich die Fabrikantin Frau Thea Rosmarin zum Ferbenz gegangen war. Unangemessenes Auftreten, nannte die Frau Ferbenz später, was dort geschehen war, und der Begriff wurde weitergetragen, Schurls Mutter übersetzte es ihrem ältesten Sohn mit: Frech is's halt g'worden und hat sich beschwert, mit einer Anzeige und mit ihren Verbindungen hat's gedroht, aber da war nix mehr zum Beschweren für so eine, die Zeiten san nämlich vorbei. Da hatte Schurls Vater bereits begonnen, die Ziegel zu besorgen, das war ja nicht leicht, weder konnte man so viele auf einmal bekommen, noch konnte er sie recht eigentlich bezahlen. Die größte Bestellung gab er bei einem Kirschensteiner Ziegelfabrikanten auf, so groß, dass es zum Streit zwischen den Eltern kam. Erst als der Großvater ins Haus trat, war Ruhe: Des is' scho' in Ordnung, sagte er zu seiner Schwiegertochter, und du halt's Maul.

Eines frühen Morgens stand der Ziegelfabrikant persönlich vor der Tür, der kleine Schurl kam gerade aus dem Hühnerstall. Der Herr war so fein gekleidet, wie man es sich für Kirschenstein vorstellte, und er bat höflich um das ausstehende Geld für die gelieferten Ziegel. Schurls Mutter wusste nicht, was tun. Doch als der Vater dazukam, schmiss er einfach die Tür zu und schrie, der Herr solle im nächsten Monat wiederkommen, da würde er bezahlt werden. Und dazu lachte er.

Es mochte ja sein, dachte der geflickte Schurl nun, drei Monate vor seinem einundsechzigsten Geburtstag, dass das nicht ganz in Ordnung war – die alle einfach rausschmeißen. So war die Zeit eben, verboten war es nicht, eher ausdrücklich erwünscht. Aber die Rosmarins waren ihnen dankbar, dass sie die Bäume zu sich herüberholten, das hatte Schurls Mutter später gelegentlich behauptet. Wer hätte sich darum kümmern sollen? Wenn nicht wir, dann ein anderer! Das konnte man schlecht abstreiten. Schurls Eltern aber wussten, wie man sie pflegen musste, denn sie hatten es jahrelang unter der Aufsicht des Rosmarinschen Gärtners getan. Ein Unglück, wenn ein Ungeübter sich daran vergriffen hätte, an den Aufbau- und Erziehungsschnitten der jüngeren Bäume, am Verjüngen der älteren und der Vermehrung der Weingartenpfirsiche. Wenn dieser Ungeübte die Wiese öfter gemäht hätte als zwei Mal im Jahr. Nach ein paar Jahren kamen übrigens Rosen von der anderen, der Parkseite über die neue, weiß gekalkte Mauer geklettert, als ob sie Sehnsucht nach ihren Obstbäumen hätten.

Und so hatte die Kleinhäuslerkate von Schurls Familie, die im Lauf der Jahre, auch dank der Obsteinkünfte, unsymmetrisch vergrößert wurde wie eine kindliche Sandburg, den riesigen ummauerten Obstgarten im Rücken dazu bekommen, einen Hain, der in der ganzen Gegend seinesgleichen suchte. Früher war es andersherum gewesen. Da leuchtete die Rosmarin-Villa nach vorne zur Reitschulgasse hinaus, dahinter lag der parkähnliche Garten, in dem vor Weihnachten die armen Kinder des Ortes mit Kleidung und Schuhen bedacht wurden, und noch weiter hinten, in der Tiefe des Raums, wie verwunschen der Obstgarten, den die Frau Thea als Frischvermählte hatte anlegen lassen. Es war eine lange Blickachse, aus den Fenstern der Villa über die Buchsbäume und Rosen bis hin zu den Äpfeln und Birnen, den Zwetschken, Kriecherln und Mirabellen am hinteren Bildrand. Diese Raumtiefe gab es nicht mehr, denn da war die Mauer, und der kleine Park war zerstört, neuerdings mit Waschbetonplatten belegt als Pausenauslauf für die Gehilfen der Steuerberater, die in der *historischen Rosmarin-Villa* arbeiteten, gedankenlos stolz auf ihr *seltenes Jugendstiljuwel.* Die Achsen hatten sich, wie alles andere auch, damals um hundertachtzig Grad gedreht.

Aber so sah der geflickte Schurl die Welt nicht. Er sah nur seine Bäume, die er ein Leben lang gepflegt hatte, so gut er konnte, und die er mehr liebte als seine Kinder und seine Frau. Eine innere Unruhe hatte ihn seit einiger Zeit befallen, durch dieses ganze Gerede von Gedenken und Trauern und Versöhnung, das es früher nicht gegeben hatte, und das nichts Gutes bedeuten konnte. Ein unersetzlicher Verlust sollte betrauert werden, das sagten die Politiker im Gedenkjahr, aber er hatte damals nichts verloren, sondern nur gewonnen. Dass etwas in Bewegung kommen müsse, sich lösen und verändern, wie diese vorlaute junge Malnitz dauernd predigte, das war ihm bedrohlich.

Was wusste die denn. Wenn sich etwas bewegte, passierte doch nur, was immer passiert war: Den Armen wurde genommen, und die Reichen blieben reich. Ihm war die Welt recht, wie sie seit seinem zehnten Lebensjahr war, von den paar Kriegsjahren abgesehen. Endlich hatten sie ein Auskommen gehabt, endlich reichte es auch für den kleinsten Schreihals, meistens, manchmal nur knapp, je nachdem, ob die bösen Spätfröste ausblieben und es genug regnete oder nicht. Der geflickte Schurl war gegen Bewegung, auch körperlich, sein Rücken und seine Knie machten ihm seit Jahren zu schaffen. Aber jetzt bewegte sich sogar die Grenze, er hatte es letztens im Fernsehen gesehen, die sammelten sich schon alle in Budapest, die machten sich bald auf dem Weg hierher.

Ein einziges Mal hatte er selbst sich bewegt, anders als die anderen, und was hatte er davon gehabt? Ein zerschnittenes Gesicht. Kein Wunder, dass sie ihn seitdem den Geflickten nannten, die gezackten roten Narben liefen ihm wie ein Netz darüber. Der Name war auf seine ganze Sippe übergegangen. Einer von den G'flickten – so sprach man im Ort über sie, über ihn, seine Geschwister, Kinder und Kindeskinder, und vielleicht war es auch ein versteckter Kommentar zu der Sache mit der Mauer und dem Obstgarten. Er selbst dachte nur mehr selten daran, ebenso an den Tag, als man ihm das Gesicht in Fetzen geschnitten hatte – all diese Gedanken schob er üblicherweise weg wie die Viecher, die auf ihn herunterfielen, wenn er in den Bäumen war.

Die Frau Thea aber war eine angenehme Erinnerung, ein Bild aus einem Traum. Sie war schön und gütig, und als sie ihm die gefütterten Stiefel gab, zog sie ein Tuch aus

ihrer Tasche und wischte ihm den Rotz ab. Er schämte sich, das Tuch roch gut, und es war weich. Er war sechs Jahre alt, die Stiefel trugen später alle seine Geschwister, bis hinunter zum letzten Nachkömmling, das ein Zniachterl war und ein Dodl. Aber er trug sie als erster, er trug sie ein. Nur Wochen später begann der Bürgerkrieg, und ihm war nicht bekannt, ob die Rosmarins ihre weihnachtliche Wohltätigkeit in den vier Jahren danach noch fortgeführt hatten, in dem von Eiszapfen schimmernden Park, wo die Kinder angestellt waren in zitternden Reihen, wo sie knicksten und sich verbeugten, wie es ihnen ihre Mütter eingeschärft hatten.

Vielleicht war er deshalb in die Villa geschlichen, an den Tagen des Mauerbaus, in einer Arbeitspause weg und von hinten, durch den Wintergarten, in das Haus hinein. Er wusste, dass sie alle fortwaren, dass er der königlichen Frau Thea nicht wiederbegegnen und sie ihm nicht mehr die Nase putzen würde, aber eine kitzlige Neugier zog ihn hinein. Er sah Bilder und Figürchen und glänzend lackierte Möbel und bestickte Wandteppiche, er hatte keine Worte dafür und verstand nicht, wofür das alles gut sein sollte: Ihr Bett hatte einen Vorhang mit Fransen. Er zog ihn zurück, aber da fuhr ihm der Horka wie ein kreischender Teufel entgegen und trug ihn am Schlafittel hinaus zum Vater, der ihm gab, was er verdiente. Der Horka sagte, wenn was fehlt, seids ihr dran, weil ihr kriegts nämlich nur die Bäume, das muss ja wohl reichen, und der Vater verprügelte den Schurl an Ort und Stelle, noch fester als sonst, damit es dem Horka genügte.

Was machst'n da, Opa, sagte sein Enkelsohn Karli, der auf einmal neben dem rauchenden Schurl stand, als dieser, kurz vor seinem einundsechzigsten Geburtstag, mit Unruhe im Blut an seiner südwestlichen Grundstücksgrenze entlang patrouillierte. Karli würde bald siebzehn werden, sein ältester Enkel, ein wilder Bub mit schönen glatten Zügen. Schurl zuckte mit den Schultern und ging weiter, langsam entlang der rosenbedeckten Mauer auf und ab. Karli blieb neben ihm. Und als sie da so gingen, da sagte der geflickte Schurl nach einer Weile: Weißt, Karli, diese ganzen alten Sachen aufreißen, des is' net recht. Des is a G'fahr. Des muass ma' verhindern, des geht auch gegen uns, da muass bald einer was tun.

Karli nickte, und seine Augen glänzten.

* Vorabdruck aus Eva Menasses neuem Roman *Dunkelblum*, der im Herbst 2021 im Verlag Kiepenheuer & Witsch erscheinen wird. Wir danken Eva Menasse für die Bereitstellung des Textes.

EVA MENASSE

5 Fragen – 5 Antworten

***allmende:** Die Corona-Pandemie hat Auswirkungen auf den gesamten Literaturbetrieb. Wie stark hat die Corona-Krise Sie als Autorin getroffen?*

Eva Menasse: Ökonomisch bisher zum Glück so gut wie gar nicht, da ich gerade kein aktuelles Buch draußen habe, sondern ein zurückgezogenes Schreibjahr geplant gehabt hatte. Mir sind – anders als vielen Kollegen – nur eine Handvoll Lesungen ausgefallen, das war sogar ganz angenehm. Aber langsam hängt sich einem die ganze Sache psychisch schon recht an, muss ich sagen.

***allmende:** Wie geht es Ihnen persönlich durch die Veränderungen, die die Pandemie mit sich bringt? Inwiefern hat sich Ihre Arbeit durch Corona verändert? Sehen Sie die Digitalisierung (Homeoffice, Homeschooling) eher als Chance oder worin liegen Nachteile für die Gesellschaft?*

Eva Menasse: Ich schreibe üblicherweise in der Berliner Staatsbibliothek – ein Trick, um mir selbst einen geregelten Arbeitsalltag aufzuerlegen. Außerdem tut das Arbeiten zu Hause nicht gut, da man es ja theoretisch auch im Schlafanzug machen könnte. Das drückt sich durch, geistig sozusagen. Und damit ist das Problem Homeoffice schon benannt. Eine räumliche Trennung von Arbeit und Freizeit ist für die meisten sinnvoll und wichtig. Nur wer es nicht hat, dem erscheint es vielleicht verführerisch. Für Menschen mit kleinen Kindern ist es ein Alptraum und, ehrlich gesagt, es ist letztlich ein Luxusproblem. Alle, die unser Leben aufrechterhalten, müssen raus in die gefährliche Welt: Weder die Ärztin noch der Supermarktkassier, weder der Müllmann noch die Postbotin kann zu Hause bleiben. Da der Mensch ein soziales Wesen ist, ist die Isolierung, also auch Homeoffice, insgesamt gar kein guter Zustand. Die Menschen, die im Sommer und im Herbst die Ansteckungsketten wieder so heftig in Schwung gebracht haben, tun das auch ja nicht, weil sie böse sind, sondern weil sie es nicht mehr aushalten, so lange auf andere Menschen zu verzichten.

***allmende:** Wird die Corona-Pandemie bei Ihnen zu einem literarischen Gegenstand? Was kann Literatur in diesen krisenhaften Zeiten bewirken?*

Eva Menasse: Pest, Seuche, Ausnahmezustand, Denunziation, Abschottung, Generalverdacht – ich finde, das Thema ist literarisch wirklich schon sehr gut durchgearbeitet: von Boccaccio über Camus und Garcia Marquez bis Stewart O'Nan. Interessant ist höchstens, wie geschichtsvergessen wir sind, wie unheimlich erstaunt, dass es so etwas wirklich gibt: Ein Ausbruch in China und nur Wochen später sterben tatsächlich auch bei uns die ersten! Das Thema wäre also vielleicht Naivität und Größenwahn, aber auch das ist, dank Klimakrise, längst bekannt. Also für mich selbst, nein: Ich habe die Erfahrung gemacht, dass es am besten ist, thematisch ganz weit weg zu greifen – man kommt ohnehin mit jedem literarischen Text unwillkürlich wieder bei den Themen der Gegenwart an.

***allmende:** In einem Interview während des Lockdowns haben Sie gesagt, dass »sämtlicher Kulturkonsum einen ja noch mehr mit der Nase auf das Dilemma stößt«. Mittlerweile finden wieder Kulturveranstaltungen statt: Lesungen mit Mundschutz, Theaterbesuche unter Einhaltung der Abstandsregeln. Verändert sich dadurch der Kulturbetrieb?*

Eva Menasse: Der Kulturbetrieb verändert sich wie vieles andere auch: Indem er plötzlich so existenziell wird, eine Ausnahme, ein Luxus, ein Risiko. Wir erleben, wie sehr wir das brauchen, gemeinsam im Kino oder im Konzert zu sitzen. Das ist so schön wie schrecklich: dass einem die Dinge erst wieder etwas bedeuten, wenn sie gefährlich oder gefährdet sind.

***allmende:** Welche gesellschaftlichen Folgen könnte die Corona-Krise mit sich bringen? Sind dies nachhaltige Veränderungen? Drohen neue autoritäre Gesellschaftsformen in Europa? Erleben wir eine Zeitenwende?*

Eva Menasse: Was die Welt, wie sie noch vor kurzem war, am meisten verändert hat, ist – ich wiederhole mich da seit Jahren – die allumfassende Digitalisierung. Sie hat das Menschsein an sich verändert, bis hin zur Weltwahrnehmung unserer Kinder. Sie beschleunigt Prozesse in einem unmenschlichen Ausmaß, eben auch außerhalb ihrer selbst. Was schon angeschlagen war, zerfällt in rasender Geschwindigkeit, siehe die demokratischen Konventionen in den USA. Für Europa hingegen sieht doch alles, auch nach einem halben Corona-Jahr, derzeit stabiler aus, als man hätte annehmen dürfen. Die EU ruckelt, aber sie bewährt sich. Vielleicht hat dieser Kontinent aus hunderten blutigen Jahren doch etwas gelernt? Wir sollten Corona als das betrachten, was es ist: Ein sehr schriller, schrecklicher Nebeneffekt unserer Lebensweise und der von ihr ausgelösten Klimakrise, die uns noch ganz anders herausfordern wird. Aber wir können schon mal üben, was die Zukunft entscheiden wird: Nämlich Gelassenheit, Kompromissfähigkeit und kluges Abwägen, was wirklich wichtig ist – also der gesellschaftliche Zusammenhalt.

EVA MENASSE, geboren 1970 in Wien, studierte Germanistik und Geschichte an der Universität Wien und arbeitete zunächst als Journalistin *(profil, FAZ)*. 2005 erschien ihr Debütroman *Vienna*. Für ihr Werk erhielt sie zahlreiche Auszeichnungen, darunter den Heinrich-Böll-Preis der Stadt Köln (2013) für den Roman *Quasikristalle*. Gemeinsam mit Juli Zeh und Ilija Trojanow organisierte sie 2013 einen weltweiten Protest von Schriftstellern, darunter fünf Nobelpreisträgern, gegen Datenklau und digitale Überwachung: »Writers against mass surveillance«. Seither setzt sie sich kritisch mit den Wirkungen auseinander, die die allumfassende Digitalisierung auf die Verhaltensweisen der Menschen hat. 2015 war sie Stipendiatin der Villa Massimo in Rom und wurde mit dem Jonathan-Swift-Preis für Satire und Humor ausgezeichnet. 2017 erhielt sie den Österreichischen Buchpreis für den Erzählungsband *Tiere für Fortgeschrittene* sowie den Friedrich-Hölderlin-Preis der Stadt Bad Homburg. Ihre Reden zur Eröffnung des internationalen Literaturfestivals Berlin im Jahr 2018 (»Digitale Gespenster«) sowie zur Verleihung des Ludwig-Börne-Preises im Mai 2019 (»Für Pessimismus ist es zu spät«) erhielten große Aufmerksamkeit. 2019 war sie Mainzer Stadtschreiberin, 2020 ist sie Gastpoetin des Erlanger Poetik-Kollegs. Sie ist Mitglied des PEN Deutschland und lebt seit 20 Jahren in Berlin.

www.germanistik.phil.fau.de/department/poetikkolleg/eva-menasse-2020

SIMON STRAUSS

5 Fragen – 5 Antworten

***allmende**: Welche Ziele verfolgt der Verein ›Arbeit an Europa‹?*

Simon Strauß: Er will in einer Zeit, in der von Europa meistens sehr oberflächlich die Rede ist, versuchen, der Idee hinter den Institutionen auf die Spur zu kommen. Das heißt, wir machen keine parteipolitische PR für oder gegen die Europäische Union, sondern interessieren uns für die kulturellen Hintergründe dessen, was immer nur politisch oder wirtschaftlich angerufen wird. Europa ist für uns ein weiter Gedächtnisraum, in den sich Geschichten und Erfahrungen spiegeln. Durch eine produktive Aneignung dieses Inhalts wollen wir Zukunft entwerfen. Der Verein verfolgt momentan zwei Vorhaben: Erstens veranstaltet er – wenn nicht gerade Pandemie herrscht – in regelmäßigen Abständen sogenannte ›Denkwochenenden‹ mit jungen Europäerinnen und Europäern in einer Peripherieregion des Kontinents. Zweitens haben wir gerade zusammen mit über fünfzig jungen Interviewerinnen und Interviewern in ganz Europa ein großes Zeitzeugenprojekt durchgeführt: das ›European Archive of Voices‹.

ARBEIT AN EUROPA

***allmende**: Worum geht es bei dem ›European Archive of Voices‹? Ist eine gemeinsame Erinnerungspolitik in Europa das Ziel?*

Simon Strauß: In der Tat wird Erinnerung in den meisten europäischen Staaten als eine nationale Aufgabe gesehen. Warum eigentlich? Kann auch nur ein Land seine Geschichte schreiben, ohne andere europäische Länder, Sprachen und Menschen zu erwähnen? »Wir sind zu unserem Glück vereint« – dieses sehr schöne Versprechen aus einer proeuropäischen Erklärung vor ein paar Jahren wartet immer noch darauf, eingelöst zu werden. Unser Archiv-Projekt versucht, zumindest die Grundlagen für eine gemeinsame europäische Erinnerung zu schaffen, indem es Stimmen von Menschen versammelt, die vor 1945 in Europa geboren wurden. Wir haben in jedem europäischen – also nicht nur EU – Land mindestens einen Europazeugen oder eine Europazeugin interviewt und zu seinem oder ihrem individuellen Leben in Europa befragt. Dabei herausgekommen ist ein reichhaltiger, aus Erinnerungen, Hoffnungen und Visionen gewobener Erinnerungsteppich, auf dem sich nun in die Zukunft reisen lässt.

allmende: *Das »European Archive of Voices« schafft auch einen Austausch zwischen den Generationen. Braucht es einen generationsübergreifenden Dialog zur Zukunft Europas?*

Simon Strauß: Ja, unbedingt. Meine Generation – aber auch schon die unserer Eltern – ist in einer Zeit ungebrochenen Wohlstands aufgewachsen. Wir haben im Grunde nichts dafür getan, dass wir in einem friedlichen, reichen Europa leben dürfen. Im Gespräch mit der europäischen Gründergeneration wird uns klar, wieviel Lebenskraft und Zukunftshoffnung in die Idee Europa geflossen ist. Und wie wichtig es ist, sie zu bewahren.

allmende: *Europa wird oft vor allem als ökonomisches Projekt betrachtet. Dieses Verständnis von Integration scheint in der Krise zu sein. Glaubst Du an eine Vertiefung der Europäischen Integration mithilfe der Kultur?*

Simon Strauß: Unbedingt. Ich glaube sogar, dass nur die Kultur das schaffen kann, woran die Politik scheitert, nämlich ein Gefühl von Einheit herzustellen, von gemeinsamem Erleben. Kultur heißt ja im Grunde nichts anderes als ›Bedeutung herstellen‹, also die Wirklichkeit so zu lesen, dass sie als ein Zusammenhang erscheint. Und was ist ›kultureller‹ als sich vom Leben Geschichten erzählen zu lassen und damit einen Erfahrungsraum herzustellen, in dem sich dann ein Erwartungshorizont auftun kann?

allmende: *Gerade leben wir in Zeiten der Pandemie – wie wird sich das auf den europäischen Gedanken auswirken?*

Simon Strauß: Der naheliegende Wunschtraum wäre, dass wir aus dem »Leiden lernen«, um mit Aischylos zu sprechen, dass wir also die Sorge um- und die Achtung voreinander stärken und über das verantwortungslose Sprechen in eigener Sache stellen. Aber so sehr mir der Gedanke gefällt, dass eine Gesellschaft gestärkt aus einer Krise hervorgehen wird, so skeptisch bin ich doch. Denn einmal mehr hat ja die Corona-Krise bewiesen, dass wir als Menschen inzwischen vollkommen abhängig von der digitalökonomischen Bedarfsindustrie sind – soll heißen: Statt der Erzählung haben wir uns ganz auf die Berechnung eingestellt. Deshalb halten wir auch Widersprüche und Ambivalenzen so schlecht aus. Bei einer Rechnung darf nur eine eindeutige Zahl herauskommen, bei einer Gedichtzeile bleibt es dem Herzen überlassen, bei welchem Wort es schlägt. Im Grunde könnte uns die Pandemie doch auch zeigen, was wir trotz allem sind: Verletzlich. Angreifbar. Stimmungsvoll. Gerade, weil wir nicht aus Klicks bestehen, sondern aus Gefühlen.

allmende: *Worin besteht die Rolle der Literatur in diesen Zeiten?*

Simon Strauß: Genau darin: Die Doppeldeutigkeiten des Lebens herauszustellen; nicht Meinung zu machen, sondern unser Inneres zu berühren; durch Seelen zu wandern; Figuren zu zeichnen; Ängste zu beschreiben und dadurch zu überwinden. Es kann nicht sein, dass die einzigen Bücher, die uns noch interessieren, erzählende Sachbücher sind. Eine Gesellschaft, die den Wert der Poesie vergisst, wird verhärten. Ohne die Literatur ist Europa verloren.

***allmende:** Stichwort ›literarisches Europa‹ – was sind die nächsten Vorhaben des Vereins?*

Simon Strauß: Im Mai nächsten Jahres soll es eine große Europatagung in Rom geben, zu der alle fünfzig Interviewerinnen und Interviewern aus allen europäischen Ländern eingeladen werden. Bis dahin werden alle unsere Interviews auf unserer Website veröffentlicht und auf unseren Social-Media-Kanälen »European Archive of Voices« und »Arbeit an Europa« angekündigt sein. Darüber hinaus versuchen wir gerade, Kontakt zu interessierten Universitäten und Schulen herzustellen, die mit uns zusammenarbeiten wollen. Zuletzt gibt es erste zarte Ideen für ein nächstes Projekt: Und das beschäftigt sich tatsächlich mit dem literarischen Europa. More soon.

Das Interview für *allmende* führte Kevin Hanschke.

SIMON STRAUSS, geboren 1988 in Berlin, studierte Altertumswissenschaften und Geschichte an den Universitäten Basel und Poitiers sowie an der University of Cambridge. Seit 2016 ist er als Redakteur bei der *FAZ* tätig. 2017 wurde er an der Berliner Humboldt-Universität mit einer Untersuchung über Theodor Mommsen und Matthias Gelzer promoviert. 2017 lieferte er sein literarisches Debüt mit der Erzählung *Sieben Nächte*. Zuletzt erschien sein Prosaband *Römische Tage* (2019). Er lebt in Frankfurt. Simon Strauß ist Gründer und Organisator des Vereins *Arbeit an Europa*, der verschiedene Projekte zur Stärkung des europäischen Geists verwirklicht: Im »Europäischen Archiv der Stimmen« werden Erinnerungen von europäischen Persönlichkeiten aus Kunst, Medien, Politik und Wissenschaft gesammelt, die in der ersten Hälfte des 20. Jahrhunderts geboren wurden.

www.arbeitaneuropa.com

LUCIA LEIDENFROST

Vor, während und eine Miniaturutopie nach der Pandemie

Wenn wir mit unseren 2019er-Ichs sprechen könnten: Was würden wir ihnen erzählen und wie viel davon würden sie überhaupt glauben? Könnten wir sie davon überzeugen, dass zwei Monate lang das öffentliche Leben so gut wie lahm liegt? Dass es keine Betreuung für die Kinder außer Homeschooling gibt, dass wir alle vor Lebensmittelläden anstehen werden, um Klopapier zu hamstern? Die Museen, die Konzerthäuser, Theater- und Kinos geschlossen sein werden? Unser 2019er-Ichs würden es vermutlich für wahrscheinlicher halten, dass ein derber Krieg ausgebrochen ist (wie ja Anfang 2020[1] im Raum gestanden ist, aber das sind nur mehr blasse Erinnerungen an eine Zeit VOR Corona!), als dass eine Pandemie über den Erdball hinwegfegt. Würden sie glauben, dass – sobald die Maßnahmen gelockert sind – die ersten Leute auf die Straße gehen und gegen die Maskenpflicht demonstrieren?[2] Dass sich alle möglichen Leute plötzlich als Expert*innen in Virologie entpuppen, in den USA die Ermordung eines Schwarzen zu den heftigsten Protesten führt und wir in Kurzarbeit geschickt werden?

Ich lese die Corona-Tagebücher für das Literaturhaus Graz noch einmal, als *allmende* für diesen Text anfragt. Eigentlich hätte ich im Frühjahr in Graz gelesen.

Durch den Lockdown ging das nicht. Die Kulturlandschaft hat für die Absagen teilweise andere Möglichkeiten gefunden und die Corona-Tagebücher funktionierten für Leser*innen und Schreiber*innen aus dem Homeoffice. Ich lese meinen Eintrag, dass wir – die Autor*innen der Tagebücher – über den Schnee, der über den Gletscherspalten liegt, schreiben, aber nicht von den Gletscherspalten. Auch ich nicht, auch ich schrieb nur über den Schnee. Nur darüber, dass wir anstehen müssen, dass wir weiter müssen, dass wir niemanden umarmen sollen (und mit welchen engen Menschen wir es trotzdem tun, ein Haushalt hin oder her). Die Gletscherspalten, die sich auftun, die 400 Euro weniger in der Tasche der Familie im Haus gegenüber, mit denen sie eigentlich das Essen, die Heizung bezahlt hätte, darüber schreiben wir nicht zu viel, wir sehen sie in Zeiten des Lockdowns nicht. Wir sind eingesperrt in unseren eigenen Wänden, sehen nur unsere eigenen Augen im Spiegel. Drüben zieht sich das Kind über den Pullover noch eine Jacke an, bevor es weiterlernt. Die Mutter verrührt Mehl mit Wasser und Eiern, denn es gibt jetzt viele Speisen mit Mehl. Der Vater sitzt am Küchentisch und vergleicht Angebote, überlegt, ob er lieber zwei Kilo Karotten oder Kartoffeln zum gleichen Preis kauft. Karotten gab's schon lang nicht mehr – Kartoffeln machen besser satt. Zum Glück müssen für die Kinder keine Schulausflüge bezahlt werden. Wir sehen dem Vater nicht in die Augen, als wir uns im Laden begegnen – die Maske hindert uns daran. Schon vor der Pandemie haben wir ihn nicht richtig gekannt, nicht gegrüßt.[3] An der Kassa wird ein Obdachloser des Geschäftes verwiesen, weil er keine Maske trägt. In diesem Augenblick könnten sich unser Blick und der Blick des Vaters zum zweiten Mal begegnen, aber wir sind mit der angelaufenen Brille beschäftigt. So schneit es auf diese Gletscherspalte, bis wir glauben, im Haus gegenüber ist alles ungefähr so wie bei uns. So stabil, gemütlich und aushaltbar es in einem Lockdown, einer Pandemie, einer Ausnahmesituation sein kann.

Wenn unsere 2023er-Ichs mit uns sprechen könnten: Was würden sie uns erzählen und was davon würden wir ihnen überhaupt glauben? Dass es einen Impfstoff gegen die Krankheit Covid-19 gibt und dass die Schulen mit Lüftungsanlangen ausgestattet wurden? Vielleicht auch, dass sich viele Kulturveranstaltungen jetzt online, digital besuchen lassen, weil einfach mehr gestreamt wird. Homeoffice ist jetzt die Regel geworden und die Architekten achten darauf, dass jeder neu gebaute Raum quergelüftet werden kann. Alles das würden wir nachvollziehen können.

Draußen wird es schon recht kalt und wir drehen in dieser Saison das erste Mal die Heizung auf. Es schüttet aus allen Nähten, alle Schleusen des Himmels stehen weit auf. Die Familie gegenüber lässt die Heizung noch zu. Der Herbst kommt. Die Infiziertenzahlen sind höher als beim Lockdown im Frühjahr, die Kontakte sollen wir wieder beschränken wie im Frühling. In diesem 2020er-Frühjahr, in dem es wochenlang keine einzige Wolke am blauen Himmel gab und es sich tagtäglich zeigte: Es wird Sommer, es wird warm. Alle wollten draußen sein. Jetzt drängt es uns hinein in die Häuser, die Wohnungen und die warmen, noch offenen Cafés.

Die Leute, die sich im Bahnhof mit etwas Schnaps wärmen, die Leute, die sich gegen den Wind in Bushaltestellenhäuschen verkriechen, den Schlafsack über ihre Ohren ziehen – diese Leute gibt es auch in diesem Jahr. Mit dem Obdachlosen aus dem Geschäft haben wir vor ein paar Tagen über den neuen Spielplatz, der im Viertel entsteht, gesprochen. Uns fiel auf, dass er den 1,5–2 m Abstand einhielt, dass er jetzt eine Maske trug, auch wenn er sie sich unter den Bart geschoben hatte. Es war ein sehr nettes, sehr positives und kurzes Gespräch. Wir haben die Mutter von gegenüber mit den beiden Kindern vorbeigehen sehen, sie kam uns noch dünner vor – ja, um es genau zu beschreiben: Abgemagert war sie. Wir haben den Obdachlosen vor unserer Verabschiedung nicht gefragt, wie er den Winter verbringen wird, ob er denkt, dass – wie schon im Frühling – die Notunterkünfte wieder schließen werden müssen, die Küchen und Wärmecafés.[4] Auch über diese Spalte legt sich der Schnee, sie ist nicht mehr sichtbar – nur wer sich auskennt, weiß, wo sie liegt und wie tief der Spalt darunter ist.

Wie gerne würden wir von unseren zukünftigen Ichs hören, dass alles gut ausgegangen ist. Dass wir die Wirtschaftskrise verhindern oder zumindest abmildern konnten. Wie gerne würden wir von uns hören, dass nicht mehr Menschen als sonst auf unseren Straßen erfroren[5] sind und alle Familien essen und heizen konnten, so viel sie wollten. Wie gern würden wir von uns erzählt bekommen, dass wir im Frühling 2022 alle geimpft mit dem Obdachlosen, der Familie aus dem Haus gegenüber, der nicht hungrigen, alten Frau, dem geschlagenen Kind, der Frau aus Eritrea und Moria, der gesunden Ärztin, dem depressionsfreien Mann – dass wir alle zusammen auf dem neuen Spielplatz stehen und uns bei einem gemeinsamen Picknick gegenseitige Anerkennung zeigen können. Mit einem Lächeln, einem Blick, einem Flaschenbier-Anstoßen, einem geteilten eritreischen Brot: Wir haben's hinbekommen, wir haben die Pandemie überstanden! Wir leben alle unser normales Leben, unser Leben vor der Pandemie, ein gutes Leben weiter.[6]

Anmerkungen

1 Wie war das nochmal? Iran und die USA haben mit ihren Säbeln gerasselt, Australien hat gebrannt und in Hanau hat ein Rassist 10 Menschen getötet.

2 »Nein«, würden unsere früheren Ichs antworten, »wenn wir doch alle zu Hause bleiben müssten und Abstand halten sollten, dann würde doch niemand auf die Idee kommen und demonstrieren gehen.«

3 Könnte uns dieses Nichtwissen um deren Situation, unsere Unkenntnisse über ihre Umstände dazu bringen, dass wir nicht mehr darüber urteilen, dass Leute gegen die Maske protestieren? Könnte das uns dazu bringen, dass wir den Coronagegnern (was für ein Wort – gehört dazu nicht die ganze Menschheit, nur anders?) in manchen Punkten recht geben: Ja, es ist schrecklich. Ja, auch wir wollen die Maßnahmen nicht; auch wir haben Angst, dass die Wirtschaft zusammenbricht und wir kein Geld, keine Wohnung, weniger oder keine Rechte mehr haben. Noch ist es nicht so weit, noch können wir etwas machen – dazu tragen auch die Masken, das Zuhausebleiben und die Veranstaltungsverbote bei. Jetzt ist vielleicht nicht die Zeit zu demonstrieren. Aber wir sollten sehr wohl darüber sprechen und unseren Protest äußern, mit wem die Maskengegner ihre Protestmärsche organisieren und dass sie das erste Futter in deren Kanonen sind.

4 Wen greife ich heraus, frage ich mich, während ich diesen Text verfasse. Wen nur? Die Gletscherspalten der Geflüchteten aus Moria lasse ich weg und die Gletscherspalte der alten Frau, die kein ›Essen auf Rädern‹ mehr bekommt, weil die Lieferanten reihenweise krank geworden sind – sie alle fehlen in meinem Text: Die geschlagenen Kinder, die miss-

handelten Frauen und Männer, die Leute, die neu in unserem Land sind und keine Möglichkeit der Integration bekommen, weil keine Sprachkurse angeboten werden und Kontaktbeschränkungen gelten, sind hier nicht sichtbar. Der Kleinkriminelle, der unter Depressionen leidet und schon den Strick an der Decke befestigt hat, die Menschen mit Panikattacken, die Ärzt*innen, die Pfleger*innen, die sich mit Covid-19 anstecken und sterben, die Straßenstricher*innen, die für ein Käsebrot hinter einer Mülltonne jemandem einen blasen: Jede*r von ihnen hat eine eigene Gletscherspalte. Den Schnee darüber lasse ich liegen. Diese und noch viele andere lasse ich in ihren Spalten, in ihren Abgründen, in ihrem Nicht-Gesehenwerden.

5 In der Utopie sind es gar keine, kein*e Einzige*r von uns. Niemand.

6 Und es ist sogar ein besseres Leben, fügt die Utopie hinzu.

LUCIA LEIDENFROST, geboren 1990 in Frankenmarkt (Österreich), studierte Germanistik, Skandinavistik, Germanistische Linguistik und besuchte das Studio Literatur und Theater an der Eberhard-Karls-Universität in Tübingen. Sie lebt seit 2014 als Autorin in Mannheim und ist Co-Gründerin des Kollektivs für Junge Literatur Mannheim. 2008 bis 2009 besuchte sie die Leondinger Literatur Akademie. Sie erhielt das Start-Stipendium des Bundeskanzleramts Österreich, das Arbeitsstipendium des Förderkreises deutscher Schriftsteller in Baden-Württemberg 2018 sowie das Literaturstipendium des Landes Baden-Württemberg 2020. Ihre Erzählungen sind in deutschsprachigen Literaturzeitschriften erschienen. 2017 veröffentlichte sie den Erzählband *Mir ist die Zunge so schwer*. Zuletzt erschien ihr Roman *Wir verlassenen Kinder* (2020). **www.lucialeidenfrost.at**

ANDREAS RÖDDER

5 Fragen – 5 Antworten

***allmende:** Sie forschen und lehren zur Neuesten Geschichte an der Universität Mainz, z. B. über »Werte und Wertewandel in Moderne und Postmoderne«. Wo stehen wir heute?*

Andreas Rödder: Wenn es einen fixen Standort gäbe! Werte und Wertewandel sind immer im Fluss, es gibt auch keine lineare Entwicklung. Vielmehr handelt es sich um Aushandlungsprozesse, die immer zugleich auch Machtkonflikte sind. Was die Gegenwart prägt, ist die die Dominanz dessen, was ich »Kultur des Regenbogens« nenne: Einer Kultur, die von gruppenbezogenen Benachteiligungen ausgeht und Diversität, Antidiskriminierung, Gleichstellung und Inklusion in den Mittelpunkt stellt. Das ist im Ansatz emanzipatorisch gedacht und hat viele Verbesserungen für vormals Benachteiligte mitgebracht. Es hat sich aber zugleich zur Identitätspolitik ideologisiert, die – Stichwort ›cancel culture‹ – freiheitsfeindliche Züge angenommen hat. Auf der anderen Seite wächst, nicht zuletzt als Gegenbewegung, das Ressentiment einer identitären Rechten. Diese Polarisierung schaukelt sich gegenseitig auf – und was mir besondere Sorge macht: Sie zerreibt eine demokratische Mitte, die politisch und vor allem argumentativ sprachlos bleibt.

***allmende:** Aus der Sichtweise des Historikers: Mit welcher Situation in der Geschichte würden Sie die Corona-Pandemie – mit Blick auf die gesellschaftlichen und politischen Folgen – vergleichen?*

Andreas Rödder: Die Pandemie hat vermeintliche Naturgesetze der modernen Welt einfach außer Kraft gesetzt: Eine vermeintlich unablässige Beschleunigung, eine immer weiter zunehmende Mobilität und Vernetzung sowie eine fortschreitende Globalisierung – alles einfach einmal angehalten. Selbst der Zweite Weltkrieg hat nicht dazu geführt, dass die Berliner Philharmoniker nicht mehr spielten, Corona hingegen schon. Also: Das ist schon außergewöhnlich. Im Grunde ist die Pandemie nur mit den großen historischen Seuchen zu vergleichen, vor allem der großen Pestwelle im Mittelalter. Die Sterblichkeit ist nicht ganz so hoch, wir können uns heute besser schützen. Aber unsere Methoden anno 2020 sind im Grunde dieselben wie vor 670 Jahren: Quarantäne, Abstand, Masken. Das hätten wir alle nicht gedacht.

allmende: *Sie nehmen derzeit eine Gastprofessur in Washington wahr. Erleben wir eine Zeitenwende?*

Andreas Rödder: Die Gegenwartsdiagnose meint fast immer, eine Zeitenwende zu erleben. Historiker sind da gelassener, neigen allerdings zu einer Nonchalance à la »nichts Neues unter der Sonne«. Die Präsidentschaft Trumps war eine neue Erfahrung, aber auch unter einer Präsidentschaft Bidens wird sich eines nicht ändern: Die USA haben China inzwischen als Gegner identifiziert. Und während die Deutschen sagen, die Chinesen kaufen unsere Autos, fragen uns die Amerikaner: Wie lange wollt Ihr den Drachen noch füttern? Diese grundlegenden geopolitischen Debatten sind allerdings in Deutschland noch gar nicht angekommen.

allmende: *Auf Ihrer Website an der Universität Mainz ist zu lesen, dass Sie derzeit einen neuen Forschungsschwerpunkt zum globalen Erbe Europas entwickeln. Ziel ist eine historische Bestandsaufnahme: Was hat Europa der Welt gegeben – was hat Europa der Welt genommen? Wo liegen die Perspektiven Europas? Welche Rolle werden Kunst und Kultur spielen?*

Andreas Rödder: Ich möchte eine Beziehungsgeschichte Europas mit der Welt schreiben und ganz allgemein gesagt die Frage stellen: Was hat Europa der Welt gegeben und was hat es ihr genommen? Dazu stelle ich Fragen und entwickle Kriterien, die sowohl aus der klassischen ›Western Civilization‹ als auch aus der postkolonialen Kritik stammen. Kunst und Kultur sind dabei eine wichtige Kategorie. Die Kunst steht ja bereits im Mittelpunkt der Restitutionsdebatten. Kultur ist sowohl im Sinne der Alltagskultur – von Bekleidungsformen bis zur Sexualmoral – als auch dessen, was man europäisch ›Hochkultur‹ nennt, von grundlegender Bedeutung. Auch wenn die postkoloniale Kritik immer weiter vordringt: Bach, Mozart und Bruckner dürften als Kern, vielleicht als innerster Kern europäischer Leistungen überleben.

allmende: *Durch die Corona-Pandemie gewinnen die (nationalen) Grenzen an Bedeutung. Wie schätzen Sie den europäischen Zusammenhalt ein? Was ist mit den Menschenrechten? Wie sollte man mit autoritären Regierungen wie in Ungarn umgehen?*

Andreas Rödder: Das ist ein bunter Strauß an Fragen. Die Pandemie hat gezeigt, dass die Europäische Union kein Nationalstaat ist, sondern dass die Einzelstaaten nach wie vor die relevanten Größen in Europa sind. Ich beklage das nicht – das ist das Europäische an Europa, und die Europäische Union täte gut daran, das stärker zu berücksichtigen, statt von einer ›ever closer union‹ und immer mehr Integration zu träumen – ›whatever it takes‹. Eine kluge EU setzt auf Flexibilität statt linearer Starrheit, das heißt auf Vertiefungen da, wo sie sinnvoll sind, und durch diejenigen, die sie mittragen wollen.

Menschenrechte sind das Proprium der europäischen Union, und darauf muss sie bestehen. Das gilt auch gegenüber denjenigen Staaten, die den Rechtsstaat in Frage stellen. Sofern das in Polen und Ungarn der Fall ist, muss die EU klar machen, wo der Grundkonsens nicht verlassen werden darf. Aber bitte mit Augenmaß, und nicht mit Doppelstandards. Man kann nicht die politische Besetzung von Richterämtern beklagen und Richterämter selbst politisch besetzen. Die Stärke Europas liegt – so hat es Dieter Grimm sehr treffend gesagt – in seiner klugen Selbstbeschränkung.

ANDREAS RÖDDER, geboren 1967 in Wissen (Sieg), studierte Geschichte und Germanistik in Bonn und Tübingen. 1995 wurde er mit einer Dissertation über *Stresemanns Erbe. Julius Curtius und die deutsche Außenpolitik 1929–1931* in Bonn promoviert. 1994 wechselte er an die Universität Stuttgart, wo er sich 2001 mit einer Studie über *Die politische Kultur der englischen Konservativen zwischen ländlicher Tradition und industrieller Moderne 1846–1868* habilitierte. Seit 2005 ist Andreas Rödder Professor für Neueste Geschichte mit dem Schwerpunkt Internationale Geschichte des 19. und 20. Jahrhunderts an der Johannes Gutenberg-Universität Mainz. Von der deutschen Wiedervereinigung handelt das Werk *Deutschland einig Vaterland* (2009). 2015 erschien *21.0. Eine kurze Geschichte der Gegenwart*, 2018 *Wer hat Angst vor Deutschland? Geschichte eines europäischen Problems*. Gegenwärtig entwickelt Andreas Rödder einen neuen Forschungsschwerpunkt zum globalen Erbe Europas. Zudem ist er Mitglied im Wissenschaftlichen Beirat des Hauses der Geschichte der Bundesrepublik in Bonn/Leipzig, Mitglied des Vorstands der Konrad-Adenauer-Stiftung und Präsident der Stresemann-Gesellschaft. Andreas Rödder hatte Gastprofessuren in Boston und London inne und ist gegenwärtig Helmut Schmidt Distinguished Visiting Professor 2020/21 am Henry Kissinger Center for Global Affairs an der Johns Hopkins University in Washington.

www.neuestegeschichte.uni-mainz.de/personen/univ-prof-dr-andreas-roedder

PETER SCHNEIDER

5 Fragen – 5 Antworten

***allmende:** Wie sind Sie persönlich durch diese krisenhafte Zeit gekommen? Inwiefern hat die Corona-Krise Ihre Arbeit beeinflusst? Welche Langzeitfolgen erwarten Sie für den Literaturbetrieb?*

Peter Schneider: Ich wundere mich darüber, wie viele Bekannte mir am Telefon sofort nach der Begrüßung erklären, dass die ganze Aufregung über das Virus übertrieben sei. Der eine behauptet, dass der Lockdown nur eine Übung sei, die die seit jeher autoritätsgläubigen Deutschen an die Aufgabe ihrer Grundrechte zu gewöhnen. Die andere stützt sich auf wissenschaftliche Berichte, die nur sie selber kennt, wonach das Virus längst mutiert und nicht mehr so gefährlich sei: Es sterbe ja kaum jemand in den Kliniken. Der oder die dritte führt die sogenannte Übersterblichkeit in Deutschland an, die im Frühling des Jahres 2018 höher gewesen sei als im Frühling 2020. Woraus folge, dass die Grippe im Jahre 2018 in Deutschland tödlicher gewesen sei als das Corona-Virus im Jahre 2020. Hey Gudrun, Michael, Andrea, erwidere ich dann. Das wollte ich eigentlich gar nicht wissen. Wie geht es dir? Gut? – Sogar sehr gut! – Mir auch, bis jetzt. – Und möchte zu einer Gegenfrage ansetzen: Glaubt ihr wirklich, dass Hunderttausende von Ärzten, Krankenschwestern, Wissenschaftlern auf der ganzen Welt, die seit acht Monaten rund um die Uhr um das Leben von Corona-Kranken kämpfen, einer Einbildung erlegen sind? Aber diese Frage und andere, weniger höfliche, die ich parat habe, behalte ich für mich.

Was nicht heißt, dass mir die Maßnahmen zur Bekämpfung dieser ›Grippe‹ alle einleuchten. Ich kenne keine Studie, die belegt, dass sich eine Lesung oder eine Theateraufführung oder ein Tennisspiel trotz Einhaltung der Hygiene-Regeln als Hotspot erwiesen habe.

Ob die Pandemie meine Arbeit beeinflusst? Ich habe mir fest vorgenommen, darüber nicht zu schreiben, aber weiß nicht, ob ich das durchhalte.

***allmende:** Im Frühjahr 2020 ist Ihr Buch »Denken mit dem eigenen Kopf« erschienen. Ihre Essays und Artikeln aus den letzten 30 Jahren zeigen Sie als präzisen Chronisten des Zeitgeschehens und dokumentieren Ihr Nachdenken über die Wendepunkte deutscher und internationaler Politik. Darauf aufbauend: Erleben wir derzeit eine Zeitenwende?*

Peter Schneider: Löste die Spanische Grippe, die ungleich mehr Tote forderte als das Corona-Virus, eine Zeitenwende aus? Ist es nicht verblüffend, wie rasch die Menschheit diese Katastrophe verges-

sen hat? War es nicht vielmehr der Erste Weltkrieg, der – allenfalls zusammen mit der Pandemie – so etwas wie eine Zeitenwende eingeleitet hat? Falls das Corona-Virus allerdings die Gelegenheit hätte, sich mit einem siegreichen Donald Trump zu verbünden, müsste man wirklich das Schlimmste befürchten. Zum Glück – das prophezeie ich heute [*Anmerkung der Redaktion:* 06.11.2020], drei oder vier Tage vor der Verkündigung des Siegers Joe Biden – wird der Menschheit dieses Unheil erspart bleiben. Sobald ein Impfstoff gefunden ist, wird die Menschheit diese Plage so rasch wie möglich vergessen. Der sich bereits vollziehende Klimawandel dagegen wird zu kaum vorstellbaren mentalen und physischen Veränderungen unserer Welt führen. Gegen ihn gibt es keinen Impfstoff.

allmende: *1968 waren Sie einer der Wortführer der Studentenbewegung zusammen mit Rudi Dutschke. 1973 wurde wegen Ihrer politischen Aktivitäten über Sie ein Berufsverbot als Referendar verhängt. In Ihrer Erzählung »Lenz« (1973), die rückblickend die Erfahrungen Ihrer Generation literarisch zum Ausdruck brachte, wird das Generationengefühl der linken Intellektuellen der 68er-Bewegung nachvollziehbar. Vor dem Hintergrund Ihrer persönlichen Erfahrungen: Welche Funktion, glauben Sie, wird die Literatur zukünftig einnehmen?*

Peter Schneider: Im Frühjahr 1967 stellte ich mich dem Regisseur Peter Palitzsch am Stuttgarter Staatstheater vor. Ich erzählte ihm, der mich allenfalls durch ein paar Essays in den Zeitungen kannte, von einem Theaterstück, das ich im Kopf hatte – von einer Art kirchlichen Liturgie, einer ›großen Wehklage‹, in der Angehörige ganz verschiedener Schichten beklagen, erzählen, herausschreien sollten, was sie am meisten bedrängte und bedrückte: die Delle im Auto, der schnarchende Ehemann, der Butterberg, der Nazivater, Franz Josef Strauß, das Spießertum in der neuen Bundesrepublik etc. Der Spielleiter sollte diese Klagen dann jeweils bündeln und in ein weltliches Gebet überführen. – Zu meinem maßlosen Erstaunen forderte Peter Palitzsch mich auf, sofort mit den Proben zu beginnen.

Am nächsten Tag fuhr ich nach Berlin und besuchte Hans Magnus Enzensberger. In seinem Haus saß eine erlauchte Runde von Revolutionären und forderte mich auf, sofort mit der Organisierung eines Springer-Tribunals zu beginnen. – Aber ich habe doch gerade ein Engagement in Stuttgart angenommen, am Theater … Mein Einwand machte nicht den geringsten Eindruck und schließlich ergab ich mich. Mit der Folge, dass ich in den nächsten Jahren hauptsächlich Flugblätter schrieb oder korrigierte – ich fand, dass die meisten SDS-Flugblätter einfach unleserlich waren. So sahen meine ersten Erfahrungen als ›politischer Autor‹ aus. Zur Literatur habe ich dann erst zurückgefunden, als ich mich von der Studentenbewegung löste. Die Behauptung, Literatur müsse politisch – bzw. in Sartres Sinn »engagiert« sein, ist ebenso albern wie die andere, Politik habe in der Literatur nichts zu suchen. Literatur darf und soll vieles können – mich überraschen, meinen Blick schärfen, meinen Schönheitssinn befriedigen und erweitern, mich unterhalten und begeistern. Nur Eines darf sie nicht: mich langweilen. Ob das auch für die Zukunft gilt? Raten Sie selbst!

***allmende:** Populismus, rechtsextremer Terror, der Anschlag auf die Synagoge in Halle, Reichsflaggen vor dem Reichstag. Sehen Sie einen Rechtsruck in der Mitte der Gesellschaft? Drohen in Europa neue autoritäre Gesellschaftsformen? Erkennen Sie darin Wendepunkte in politischer Hinsicht?*

Peter Schneider: Ich hätte mir nie vorstellen können, dass ich zu Lebzeiten aus dem Mund eines achtzehnjährigen Schülers den Satz hören würde: Die Ausländer verunreinigen das deutsche Blut. Oder dass Erwachsene Hetzjagden auf Ausländer unter dem Beifall vieler Gaffer veranstalten und Asylantenheime anzünden – und sich nicht mehr mit Hakenkreuz-Tattoos begnügen, sondern Synagogen und Juden gezielt ins Visier nehmen. Nebenbei: Der »Einzeltäter«, von dem Politiker und Polizei seit Jahrzehnten faseln, war immer eine bequeme Erfindung. Der sogenannte Einzeltäter braucht außer praktischen Helfern auch Ermutiger, Gesinnungsgenossen, Beichtväter, Lobhudler, die ihn auf seinem schweren Weg begleiten. Und wenn er sie nicht in seiner Kneipe trifft, findet er sie im Netz. Längst gibt es rechtsextremistische Chatclubs, die von einem Tag X und einer Machtergreifung träumen. Auf neue autoritäre Gesellschaftsformen bereitet Marie Le Pen ihre Landsleute in Frankreich vor, ein ähnliches Projekt verfolgt Matteo Salvini in Italien mit – in Ungarn und in Polen arbeiten Orban und Kaczyński mit Erfolg daran, die Institutionen der Demokratie auszuhebeln. Auch im übrigen Europa sind die Bürger immer öfter gefordert, das zivile Minimum zu verteidigen. Angesichts solcher Bedrohungen ist nicht zuallererst das Engagement der Literatur, sondern das des Bürgers gefragt –

genauer: des Schriftstellers in seiner Eigenschaft als Bürger.

***allmende:** Michel Houellebecq hat in der FAZ (Ausgabe Nr. 19 vom 10. Mai 2020) über die negativen Aspekte von Corona konstatiert: »Das Coronavirus dürfte […] einen Wandel, der schon im Gange ist, beschleunigen.« Teilen Sie diese Prognose?*

Peter Schneider: Houellebecq ist ein großartiger Schriftsteller. Wenn er redet, höre ich nicht hin. Ich glaube nicht, dass das digitale Lernen die physische Präsenz eines Lehrers in der Klasse auch nur halbwegs ersetzen kann; dass der *Zoom*-Kongress jede Versammlung von Politikern überflüssig machen wird. Menschen – egal welcher Klasse – reagieren auf die Stimmung in einem Raum, auf unwillkürliche Bewegungen und Blicke, die von der Kamera nicht erfasst werden, auf Gerüche, schabende Füße, Schweißausbrüche – kurz: auf Informationen, die der ins Bild gesetzte sprechende Kopf nicht mitteilt. Sicherlich werden wir einen Schub neuer bzw. längst vorhandener Technologien erleben – Telemedizin, Online-Handel, psychiatrische Betreuung aus 1 000 Kilometern Entfernung etc. Aber mit diesen und gegen diese Trends wird es auch eine Rückkehr zu der am meisten entbehrten Austauschform geben: zur Berührung – sobald ein Impfstoff gefunden ist. Austauschform zwischen Menschen geben: zur Berührung.

PETER SCHNEIDER, geboren 1940 in Lübeck, studierte Germanistik, Geschichte und Philosophie. Er schrieb Erzählungen, Romane, Drehbücher und Reportagen sowie Essays und Reden. Für sein Werk erhielt er zahlreiche Auszeichnungen, darunter ein Villa-Massimo-Stipendium (1979) und zuletzt den Schubart-Literatur-Preis der Stadt Aalen 2009. Zu seinen wichtigsten Werken zählen *Lenz* (1973), *Der Mauerspringer* (1982), *Rebellion und Wahn* (2008), *Die Lieben meiner Mutter* (2013) und *Club der Unentwegten* (2017). Zuletzt erschienen sein Roman *Vivaldi und seine Töchter* (2019) und der Essay-Band *Denken mit dem eigenen Kopf* (2020). Seit 1985 unterrichtet Peter Schneider als Gastdozent an amerikanischen Universitäten, unter anderem in Stanford, Princeton, Harvard und an der Georgetown University in Washington D. C. Er lebt in Berlin. **www.peterschneider-autor.de**

»Im China der Gegenwart werden die Ahnungen der ägyptischen und okzidentalen Theoskopie sozialtechnisch und moralpolitisch in großem Maßstab implementiert. Jedes Individuum wird dort als Schauspieler oder Schauspielerin im Drama der Harmonischen Gesellschaft geskriptet. Entweder fügt es sich in seine Rolle, indem es den guten Volksgenossen, die vorbildliche Volksgenossin darstellt, oder es wird auffällig, indem es aus der Rolle fällt. Der elektronische Überwachungsstaat wird zum totalen Rezensenten, indem er jeden Akteur, jede Aktrice ins Fegefeuer der Einzelbeurteilung sendet. Die digitale Überwachung verspricht zu vollenden, wonach staatliche Bespitzelungssysteme und Ermunterungen zur Denunziation in der Vergangenheit vergeblich gesucht hatten, ob im Genfer ›Gottesstaat‹, in der Sowjetunion oder in der Deutschen Demokratischen Republik. China jedoch knüpft an seine eigene Tradition der Selbstausspähung an, indem es unter paläokommunistischer Rhetorik Methoden aus der Zeit der Kaiser und ihrer mystischen Informanten wiederaufnimmt.«

Aus: Peter Sloterdijk: Den Himmel zum Sprechen bringen.
Elemente der Theopoesie, Berlin 2020, S. 27f.

BÜCHER

Martin Meyer: Corona

Erzählung, Kein & Aber Verlag, Zürich 2020, 208 S., 20,00 €

An Corona-Literatur dürfte es in absehbarer Zeit keinen Mangel geben. Beliebt sind seit längerem insbesondere Online-Corona-Tagebücher, wie sie etwa das Literaturhaus Graz in einer Veranstaltungsreihe publiziert. Längst gibt es einzelne längere Prosatexte, die sich erzählerisch mit der Zeit der Pandemie auseinandersetzen, ganz zu schweigen von einer Auseinandersetzung mit dem Kanon der sogenannten ›Seuchen-Literatur‹, der neu und auf die Gegenwart hin gelesen wird. Einer der ersten Autoren, der auf die Covid-19-Pandemie in Form einer geschlossenen Erzählung reagiert hat, war Martin Meyer. Bereits Ende Mai, als etwa Wisser seine Tagebuch-Notate online stellt, legt der frühere *NZZ*-Feuilletonchef in der Schweiz seine Erzählung *Corona* vor, in Deutschland war der Text Mitte Juni auf dem Markt. Wie viele Texte zur Pandemie arbeitet die offenbar innerhalb von nur knapp zwei Wochen geschriebene Erzählung, die während der Hochphase des Lockdowns spielt, sich an verschiedenen Pest-, Cholera- und Seuchen-Schilderungen ab: *Das Alte Testament*, *Das Dekameron*, Daniel Defoes *Die Pest zu London*, Jeremias Gotthelfs *Die schwarze Spinne*, Thomas Manns *Der Tod in Venedig* und eben Camus' *Die Pest* sind die Hauptreferenztexte, die der verwitwete Buchhändler Matteo in der Dunkelheit heimlich aus seiner Buchhandlung, seinem »Lebensanker«, in seine drei Stockwerke darüber liegende Wohnung holt oder sie in der Buchhandlung liest. Heimlich deshalb, weil sich Matteo in Selbstquarantäne befindet, muss der etwa 70-Jährige doch befürchten, dass ihn die Seuche, die nur ein einziges Mal im Text mit ›Corona‹ benannt wird, erwischt hat, wie es gleich im ersten Satz heißt: »In der sechsten Woche seit dem Ausbruch der großen Krise spürte Matteo ein Kratzen im Hals«. Und am Ende heißt es: »Das Leben ging weiter. Matteo wollte es mit ganzer Kraft umarmen, wie am ersten Tag«. Bis es so weit ist, ändern sich die Krankheitssymptome, das Fieber steigt und mit ihm die Wahrscheinlichkeit, dass Matteo infiziert ist: »Aber solange der Kopf noch fühlte und dachte, ohne dass er schon auf Wolken schwebte oder in Albträumen versank, so lange würde Matteo daran denken, wie jetzt, gerade jetzt, die Kraft der Bücher zu nutzen war.« Gedacht, getan: Matteo beginnt mit seiner Lektüre, dabei sich ab und an in der Vergangenheit verlierend, Begegnungen mit seiner Nichte Carla, die ihn vor- und umsichtig umsorgt, und Szenen mit seiner verstorbenen Frau Sophia imaginierend oder telefonierend und kleine Einkaufszettel schreibend. Es passiert nicht viel in dieser handlungsarmen Erzählung, auch der Lektüregewinn der Seuchen-Klassiker bleibt bescheiden für die *Corona*-Leserin, zumal die eine oder andere umständliche Banalität stört wie »je mehr die Seuche wüten würde, umso mehr Menschen würden begreifen müssen, dass es mindestens eine Zeit lang vorbei war mit direkten Kontakten« oder der Leserin schiefe Sprachbilder begegnen wie »Die Krone der Schöpfung, *creationis corona*, war, wenn man in dieser Terminologie denken wollte, zur Katastrophenmütze des Planeten geworden.«
Und doch vermittelt Meyers *Corona* eine Erinnerung an die wattierte Zeit, an die manchmal zähe Stille zu Beginn des Lockdowns. Daran inmitten der zunehmenden Fallzahlen erzählerisch zu erinnern und Literatur als Antidot zu stärken, ist gleichwohl nicht wenig.

Anton Philipp Knittel

BÜCHER

Ludwig Sonnenberg: Corona. Als das Virus kam

Roman, Selbstverlag, 2020, 181 S., 7,84 €

»Die Tage tropfen dahin, doch was sollte es? Wenn Du nicht mehr weißt, wie spät es gerade ist. Wenn du nicht mehr weißt, wann du das letzte Mal gelacht hast. Wenn du dich leer und verloren fühlst und nicht mehr weißt, und

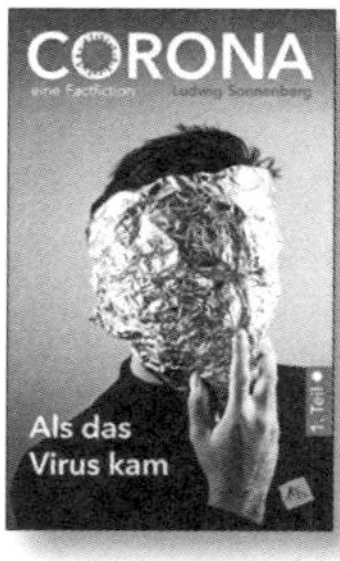

auch nicht wissen willst, warum. Das ist Corona«. Es sind solch rar gestreute Innen(ein)sichten des Ich-Erzählers, die Ludwig Sonnenbergs Roman *Corona. Als das Virus kam* zu mehr als einer Chronik über die Geschehnisse in der anfänglichen Corona-Situation machen. Sonnenberg verpackt die in chronologischer Reihenfolge von Januar bis einschließlich April 2020 erzählten Fakten sowie die oft widersprüchliche Berichterstattung über die Corona-Krise in eine fiktive Erzählung. Für diese Kombination aus Fakten und Fiktion hat der Autor den Genre-Begriff ›Factfiction‹ erfunden. Die Leser*innen begegnen im Roman einem namenlosen Ich-Erzähler: Ein junger, verbeamteter Mathelehrer und frischgebackener Vater, der hinsichtlich seines Berufes bereits desillusioniert, vom Vatersein genervt ist und seiner Frau Mara die gesamte Betreuung des gemeinsamen Kindes überlässt. Ein unsympathischer Macho mit misanthropischen Tendenzen, dem es während des ganzen Romans nicht gelingt, sein Kind beim Namen zu nennen, sondern immer nur von »die Tochter« spricht. Zum weiteren Personal gehören die beiden Freunde des Ich-Erzählers, Nig und Jo, mit denen er sich regelmäßig trifft, um sich zu besaufen. Der konstruiert wirkende Umgangston der Freunde untereinander, die sich inflationär mit »Ficker« oder »lästiger Hurenbock« anreden, macht den Protagonisten und sein Umfeld nicht gerade sympathischer. Hauptsächlich wird jedoch darüber berichtet – größtenteils mit Angabe des genauen Datums –, wie das Virus näher kommt. Währenddessen fahren Frau und Kind des Protagonisten zu den Schwiegereltern. Das Virus erreicht Maras Heimatstadt und sie muss in Quarantäne. Der Ich-Erzähler freut sich über seine unerwartete Freiheit von Frau und Kind. Neben den abendlichen Besäufnissen mit seinen Freunden hält er sich im World Wide Web auf. Aufgrund der desillusionierenden Erkenntnis – »Ich war medial bestens desinformiert« – beschließt er mit Jo und Nig Klarheit in die ganze Sache – Corona – zu bringen. Den Leser*innen wird in kurz gehaltenen Kapiteln das Geschehen der jüngsten Vergangenheit komprimiert vor Augen geführt: in Form von offizieller Berichterstattung, Verschwörungstheorien und Fake News. Doch Sonnenbergs Roman kann mehr. »Am Karfreitag hatte ich dann kein Bock mehr auf Corona.« Der Ich-Erzähler schaltet alle medialen Endgeräte für eine Woche aus und liest stattdessen Theaterstücke von Shakespeare. Die Macht der Beeinflussung von Erzählungen auf die Leser*innen wird im Roman durchweg mit verhandelt. So lässt sich nicht nur Maras Anti-Kinder-Wunsch auf die Beeinflussung von Literatur zurückführen, nicht nur der Sinneswandel des Protagonisten, sondern es wird generell die These aufgeworfen, dass »Zahlen nichts bedeuten«, und sich auch über Corona nur in Narrativen berichten lässt. In dieser Hinsicht kann

BÜCHER

der Begriff ›Factfiction‹ nicht nur für die vorliegende Erzählung stehen, sondern für die gesamte Berichterstattung über Corona – als auch für deren Einfluss auf unsere Wahrnehmung der Krise und ihrer Auswirkungen. Sonnenbergs Roman endet mit einem Cliffhanger, der eine Fortsetzung der Corona-Geschichte – die es faktisch leider gibt – in Aussicht stellt. In der Nachbemerkung ist dementsprechend zu lesen: »Das Ziel ist es, den gesamten Zeitraum der Corona-Krise darzustellen. Der nächste Band wird aus Maras Sicht berichten«. Es bleibt also spannend …

Nicole Hallschmid

Marlene Streeruwitz: So ist die Welt geworden. Der Covid-19-Roman

Roman, bahoe books, Wien 2020, 208 S., 19,00 €

So ist die Welt geworden. Der Covid-19-Roman spielt von März bis Juni 2020 in Österreich und ist ein Zeitroman über die ›erste Corona-Welle‹. Die Autorin Marlene Streeruwitz spürt der allgemeinen Verunsicherung nach, die jeden getroffen hat. Die Protagonistin des Romans, Betty Andover, ist fiktiv. Die literarischen Momentaufnahmen aus Bettys Leben sind fiktional und in poetischer Sprache erzählt. Darin liegt der Unterschied zu den zahlreichen Corona-Tagebüchern, die als faktuale Texte persönliche Erlebnisse realer Autor*innen enthalten. Bemerkenswert ist, dass dieses Werk ein neues Roman-Genre begründet: den Corona-Roman. *So ist die Welt geworden* ist der erste deutschsprachige Roman einer etablierten Autorin über diesen Stoff. Streeruwitz versteht ihn als politisches Forschungsprojekt mit literarischen Mitteln. Neben der Perspektive des Individuums liegt der Fokus auch auf den Auswirkungen des Lockdowns auf Gesellschaft, Politik und Kunst. Die Welt steht plötzlich still, nicht nur das Leben der Figur Betty. Der Lockdown trifft die freie Autorin hart – sowohl körperlich als auch emotional, aber auch finanziell. Jedoch geht es um mehr als ihr persönliches Befinden. Der Roman bietet ein Identifikationspotenzial und vermag Trost zu spenden, weil die spürbare Verunsicherung niemanden unberührt lässt. Der Reiz der Lektüre besteht darin, an Bettys Leben teilzuhaben und nachzuempfinden, wie Betty den Lockdown erlebt. Ihre Beobachtung, dass alle Menschen »in ihre Laufställchen eingesperrt« sind, und ihr »Eingesperrte-Tigerin-Gefühl« sind eine Reflexion

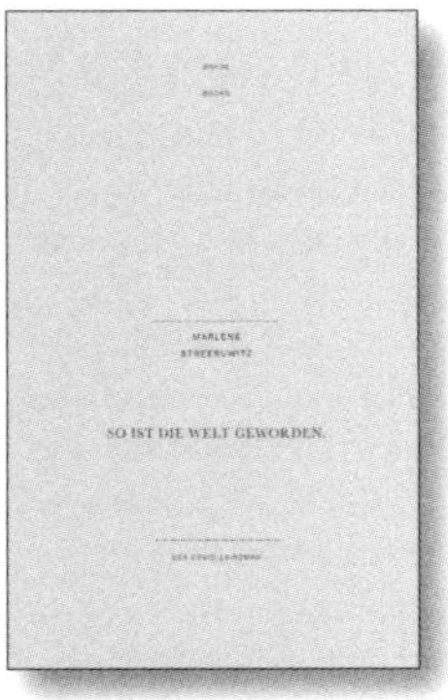

über Freiheit. Trotz der ernsten Lage angesichts der Corona-Krise, der Sorge vor den »orange eingefärbten Stachelkugeln« und Bettys Existenzängsten, ist auch eine Leichtigkeit spürbar: Zum Beispiel durch die Einsicht, dass manchmal eine Wiener-Schnitzel-Therapie am besten hilft – insbesondere gegen Einsamkeit. Es gelingt der Autorin, die Geschichte Bettys so zu erzählen, dass man/frau diesen Roman gerne liest. Die Lektüre ist ein Gewinn, obwohl Corona in unserem Alltag real und stets präsent ist.
Bevor das Prosawerk in 38 Episoden in Buchform erschienen ist, war der Text in Form eines Online- oder Fortsetzungsromans fortlaufend im Netz veröffentlicht worden: Auf der Homepage der Autorin erschien jede Woche eine neue Episode, Auszüge wurden zudem in der österreichischen Tageszeitung *Der Standard* publiziert.

Miriam Schabinger

Thomas Glavinic: Der Corona-Roman

Fortsetzungsroman, welt.de, Berlin 2020, 27 Episoden, 9,00 € (Welt-Abo)

Wir schreiben das Jahr 2020, Corona geht auf Welttournee, die Welt gerät aus den Fugen – dabei meint Thomas Glavinic nur kurz nicht hingesehen zu haben. Angekommen in der »neuen Realität« befasst sich der österreichische Schriftsteller, der sich selbst ein

BÜCHER

gewisses Maß an Hypochondrie diagnostiziert, unter anderem mit tagesaktuellen Statistiken und der Interpretation derselben. Der Autor veröffentlichte im Frühjahr dieses Jahres in der Tageszeitung *Die Welt* seinen autofiktionalen Fortsetzungsroman, in welchem er sein Erleben während der Corona-Pandemie für den Leser simultan zu den in der Realität ablaufenden Geschehnissen verarbeitete. Sein Blick von Wien in die Welt offenbart, wie unwägbar die Situation im Frühjahr war, doch einige Monate später wird umso deutlicher, wie unklar der Ausgang der Krise bis heute ist.
Die Basis für die subjektiven Schilderungen bildet eine feinsinnige Beobachtungsgabe und ein gewisses Maß an Realitätsferne in den vergangenen Lebensjahren, welches der Erzähler postuliert. Aus der Schlaflosigkeit heraus erfolgt sowohl eine Auseinandersetzung mit seiner unmittelbaren Nachbarschaft als auch mit der omnipräsenten Ungewissheit und dem Bewusstsein der eigenen Vergänglichkeit.
Europa steht unter Stubenarrest und das Ausmaß der Krise ist nur zu erahnen, was den Erzähler dazu veranlasst, sich mit einigen unangenehmen Wahrheiten zu konfrontieren. Seine Gedankenexperimente schließen Metaphern von einem dritten Weltkrieg gegen ein Virus genauso ein wie die historische Betrachtung des Niedergangs diverser Weltreiche.
Bisweilen polemisch führt Thomas Glavinic dem Leser das moralische Versagen der menschlichen Rasse in diesen Krisenzeiten vor Augen, was letztlich in einen Appell an die Menschlichkeit mündet, verbunden mit der Warnung vor dem Verlust der Menschenwürde.

Glavinic hält dazu an, das Virus nicht zu unterschätzen, um sich selbst und seine Mitmenschen vor Schlimmerem zu bewahren. Neben Handlungsanweisungen für den Umgang mit Verschwörungstheorien verweist er auf die Notwendigkeit eines gewissen Toleranzproviants bei zwischenmenschlichen Auseinandersetzungen. Trotz allem gibt Glavinic an einigen Stellen, wenn auch implizit, Hoffnung auf eine Zeitwende, eine Zeit, in der die Welt – wie er sagt – wieder aufgegangen sein wird.

Diana Freidinger

Lola Randl: Die Krone der Schöpfung

Roman, Matthes & Seitz Berlin, Berlin 2020, 214 S., 18,00 €

Wie schreibt man einen Roman über eine Pandemie, die das bisherige Leben vollkommen auf den Kopf stellt? Die Schriftstellerin und Filmemacherin Lola Randl entschied sich in *Die Krone der Schöpfung* für eine experimentelle Form, die Dokumentation, klassische Erzählung und Zombiegeschichte mischt.
Der Handlungsrahmen des Romans weist viele Parallelen zu Randls Biografie auf. Die Erzählerin lebt wie die Autorin mit Mutter, Mann und Liebhaber sowie zwei Kindern in einem brandenburgischen Dorf. Hierher kehrt sie nach einem Filmfestival im Ausland zurück, sicher, sich mit dem neuartigen Virus angesteckt zu haben, als auch schon der Lockdown verkündet wird, und sich die Erzählerin damit konfrontiert sieht, das häusliche Leben, Homeschool, Ängste, Schuldgefühle gegenüber der Familie und der Dorfgemeinschaft sowie ein neues Zombie-Filmprojekt in Einklang zu bringen. Dass sie dabei permanent überfordert ist, führt an vielen Stellen zu grotesken Situationen, die die Schwere der Pandemie-Thematik wohltuend auflockern. Die Ungewissheit der Gesamtlage lässt die Erzählerin fast manisch die Newsticker verfolgen und Internetrecherchen betreiben, was sich in etlichen Aufzeichnungen und Reflexionen zum Pandemiegeschehen niederschlägt, die jeweils mit einem knappen Schlagwort überschrieben sind von zum Beispiel »Patient Null« über »Versandhandel«, »Superspreader« bis zu »Verheerungspotenzial«. Damit liefert Randl eine hervorragende Chronik der ersten Pandemiephase. Die Kürze der Aufzeichnungen wie auch der erzählerischen Abschnitte und ihr lockeres Gefüge stören allerdings oft den Lesefluss. Dieser Eindruck verstärkt sich noch angesichts der vielen Erzählstränge (Umgang der Erzählerin mit ihrer Krankheit, neuer Alltag im Dorf, Recherchen zu Corona, Recherchen zum Filmprojekt und die Zombie-Geschichte), die Randl einführt, ohne alle einem Ende zuzuführen.
Trotzdem gelingt Lola Randl ein Roman von absoluter Gegenwärtigkeit, die ihren Höhepunkt in der fast hellseherischen Episode erreicht, in der der amerikanische Präsident davon träumt, sich kurz vor der Wahl mit dem Virus anzustecken.

Ina Schuller

Philipp Staab: Digitaler Kapitalismus. Markt und Herrschaft in der Ökonomie der Unknappheit

Sachbuch, Suhrkamp/Insel, Berlin 2019, 345 S., 18,00 €

Mit Blick auf die Zeit nach Corona bedarf es einer Analyse der aktuell herrschenden politischen Ökonomie. Die Verknüpfung von Finanz- und Internetökonomie der, wie Andreas Reckwitz konstatiert, »Spätmoderne« (vgl. *allmende* 105), ist als eine dominierende Antriebskraft theoretisch zu durchdringen. Das betrifft auch die Rolle des Staates, der in der aktuellen Pandemie zu einem ganz eigenen Stabilitätsfaktor avancierte. Friedrich Engels begriff den Staat als ausgleichenden »ideellen Gesamtkapitalisten«.
Es war der amerikanische Wirt-

BÜCHER

schafts- und Technikhistoriker Dan Schiller, der den Begriff des ›digitalen Kapitalismus‹ am Beginn des neuen Jahrtausends in die Diskussion über die Entwicklungen der globalen politischen Ökonomie eingeführt hat. Daran knüpft der Berliner Soziologe Philipp Staab an. Seine Analyse gilt einem neuen Typus von Kapitalismus, der gekennzeichnet ist durch eine aktuelle globale Konzentration ökonomischer Macht, die zum einen von den großen amerikanischen IT-Konzernen vorangetrieben wird, zum anderen mit den chinesischen Konzernen in Konkurrenz steht. Nationaler Protektionismus erschwert allerdings den großen amerikanischen Internetfirmen den Zugang zum chinesischen Binnenmarkt, dem größten der Welt. Dagegen sind die chinesischen Internetkonzerne wie *Alibaba* und *Tencent* nicht nur in den sogenannten ›Schwellenländern‹ wie Indien und Brasilien offensiv und aggressiv präsent. Im Zentrum der Untersuchung steht die Ausprägung des digitalen Kapitalismus in Europa und den USA. Ausgangspunkt sind die digitalen Leitunternehmen, also *Google*, *Apple*, *Facebook*, *Amazon*, und ihre Verflechtungen mit der politischen Ökonomie demokratischer Staaten. Anders als im Neoliberalismus zeichnet den digitalen Kapitalismus die Eroberung des Marktes durch eine kleine Zahl marktbeherrschender privatwirtschaftlicher Unternehmen aus. Das qualitativ Neue des digitalen Kapitalismus, auch in Abgrenzung zum »digitalisierten Kapitalismus«, ist die Privatisierung öffentlicher Güter und die Akkumulation von persönlichen Daten. Automatisierung, Globalisierung, ›Kommodifizierung‹ – das heißt der Prozess der umfassenden Kommerzialisierung des konsumorientierten gesellschaftlichen Lebens – und die ›Finanzialisierung‹, ein Prozess, in dessen Verlauf sich die Akteure von Investitionen immer mehr verschulden und gleichzeitig mehr Einkommen aus Finanzanlagen generiert werden, sind die aktuellen Triebkräfte des digitalen Kapitalismus. Die Umsätze der 100 weltweit größten Telekommunikationsunternehmen haben sich in den ersten zehn Jahren des 21. Jahrhunderts verdoppelt, die Wachstumsraten des digitalen Sektors steigen nicht nur in den USA seit 2005 stetig überproportional. Einher geht damit seit den 1990er-Jahren der Anstieg des privaten Risikokapitals, ohne das Start-ups nicht gegründet werden könnten. Eng verquickt sind daher seitdem die Finanz- und Internetökonomie. Die Produktionsweise hat sich verändert, die Leitunternehmen sind keine Produzenten, sondern Märkte, auf denen die Produzenten agieren. Diese Logik gilt es zu verstehen, weil sich dieser Struktur alles unterzuordnen hat – der digitale Kapitalismus erweist sich so als ein Hyperkapitalismus. Dies impliziert auch die Durchrationalisierung der Konsumptionssphäre des E-Commerce, mit der kein Einzelhandel auf Dauer mithalten kann. Der digitale Kapitalismus in all seinen Ausprägungen der maximalen Profite, der dauernden Kontrolle der Konsumenten und Abhängigkeiten digitaler Innovationen von den Leitunternehmen erweist sich so als Radikalisierung des Kapitalismus und Steigerung der sozialen Ungleichheit. So lässt sich konstatieren: »Die Digitalisierung befindet sich in einem immer offensichtlicheren Konflikt mit der Demokratie.« Im Sinne individueller Freiheit gilt es daher, nach Corona eine solidarischere Gesellschaft einzufordern, die eine Spätmoderne neu denkt und konstruiert.

Hansgeorg Schmidt-Bergmann

Richard David Precht: Künstliche Intelligenz und der Sinn des Lebens

Essay, Goldmann Verlag, München 2020, 256 S., 20,00 €

Es ist der Begriff an sich, der bereits so gewohnt in den Alltagswortschatz integriert ist und den Richard David Precht in seinem Essay auseinandernimmt, bis es wieder logisch erscheint, Intelligenz in Verbindung mit Künstlichkeit zu hinterfragen. Eine Erklärung, was Künstliche Intelligenz ist, gibt Precht nicht. Er stellt darüber viele Dinge in den Raum, die den Menschen definieren (können) und klar

von einem programmierten System unterscheiden. »Gerade das Nicht-Programmierte nämlich erlaubt es Menschen, sich und die Welt zu reflektieren«, schreibt Precht und kommt immer wieder auf die Frage zurück, was das Mensch-Sein überhaupt ist und ob Maschinen sich dieses Mensch-Sein aneignen könnten. Das Buch war im Werden, als Anfang des Jahres das Covid-19-Virus die Welt verlangsamte, und viele Dinge des täglichen Lebens überhaupt nur noch stattfinden konnten, weil sie digital zugänglich gemacht wurden. Seine Sprache ist gut verständlich, Prechts polemischer Standpunkt wird beim Lesen so deutlich, dass das Buch in Anbetracht oft fehlender Quellen, teilweise fast populärwissenschaftlich wirkt, was der Sache nicht dienlich sein kann. Zum Titel *Künstliche Intelligenz und der Sinn des Lebens* stehen Precht aus der Bibliothek der Welt unzählige Werke und Sätze zur Verfügung, die die Thematik umkreisen und derer er sich auch bedient. Mit dem Verweis auf den Computer HAL ist Prechts Meinung darüber, wohin eine ausufernde Technisierung führen kann, jedem Leser (und Kenner des Films *A Space Odyssey*) klar. Diese Meinung erklärt er beispielhaft an der Thematik des autonomen Fahrens. Hier verwendet er den Begriff ›Todesalgorithmus‹, wenn das autonom fahrende Fahrzeug im Zuge einer »ethischen Programmierung« in einer Unfallsituation seine Reaktionsmöglichkeiten berechnet. Die Problematik und Bandbreite eines solchen Szenarios sind aktuell schmerzhaft nachvollziehbar geworden anhand des durch Covid-19 auch Fachfremden bekanntgewordenen Begriff der ›Triage‹. Die ethische Diskussion schlägt in die gleiche Kerbe. Obwohl das Buch an einigen Stellen zu dringlich in Prechts eigene Überzeugung driftet und oft zu schnell recherchiert scheint, lohnt sich das Lesen. Die zahlreichen Verweise bieten neben Streitpotenzial schließlich Gedanken zum Denken an sich und der ewigen Frage, was der Mensch mit seiner Existenz eigentlich anfangen will.

Nicole Bengeser

Markus Gabriel: Fiktionen

Sachbuch, Suhrkamp/Insel, Berlin 2020, 636 S., 32,00 €

Bei der Premiere seines neuen Buches *Fiktionen* deutet Markus Gabriel die guten Zeiten der Philosophie als diejenigen, die vom Erleben massiver Krisen geprägt sind. Die heutige Zeit sehe sich, so der Bonner Philosoph und Erkenntnistheoretiker, einer ganzen Serie von Krisen gegenüber. Ihr fundamentaler Zusammenhang zeichne sich durch die Frage aus, »wie wir uns selbst als geistige Wesen verstehen.« Diese Idee von der Selbstbildfähigkeit des Menschen leide im Zeitgeist unter einer verworrenen Differenz von Schein und Sein. Um sich diesem Problem hinreichend widmen zu können, verständigt sich Gabriel im Rahmen eines neuen Realismus auf folgende Grundsätze: Nachdem der Philosoph in *Warum es die Welt nicht gibt* (2013) der Vorstellung einer einzigen großen Welt und Wirklichkeit abgeschworen hat, formuliert er zusätzlich die These, der Mensch sei dennoch die wirklichen Dinge zu erkennen fähig. *Fiktionen* schließlich gleicht einem Postulat des neuen Realismus, in dem Gabriel für ein Zusammengehören von geistigem Innenleben des Menschen, Natur und Wirklichkeit plädiert. Hierfür durchleuchtet er die »Dimensionen menschlicher Fiktionen« in drei Teilen, wobei sich der erste mit der Idee eines »fiktionalen Realismus« auseinandersetzt. Demnach existierten auch im Rezeptionsakt von Literatur und anderen Kunstwerken als einem Akt fiktionalen Nachdenkens wahre Gedanken. Kunst bedarf einer Deutung, die unter anderem als Ensemble geis-

tes- und sozialwissenschaftlicher Untersuchungen ästhetischer Erfahrung und ihrer Materialität zu verstehen ist. Und obwohl das Kunstwerk zu interpretieren sei, wohne ihm dennoch eine allgemeine ästhetische Wahrheit inne. Der mentale Realismus des zweiten Teils zielt primär auf den problematischen Dualismus von Geist und Materie. Dabei wird der Status des Geistes verhandelt, der laut Gabriel weder ein ahistorisches Element der Wirklichkeitserfahrung darstellt noch als rein illusionäres Phänomen verstanden werden kann. Mit der Idee eines sozialen Realismus schließt Gabriel seine Argumentationslinie über die Konstellationen des Scheins. In diesem letzten Schritt wird die Sozialität als das Verstehen aller existierenden perspektivischen Zusammenhänge in den Fokus gerückt, wobei diese Theorie die Gegenstände zurück in die Gesellschaft holt. Dass die Dinge dabei aus diversen Blickwinkeln betrachtet werden, ist nicht gleichbedeutend mit der Negation ihrer Existenz. In diesem Zuge ist Wahrheit nicht nur Voraussetzung funktionierender Sozialität, sondern auch Ursache aller Dissense. Der Mensch muss sich laut Gabriel aus den Fangarmen eines Weltbildes befreien, das zwischen Naturalismus und Konstruktivismus pendelt und sich dabei dem Bedürfnis zeitgenössischer Anthropologie verweigert, die Dimensionen des Scheins ontologisch zu erfassen. Indem nämlich dieser vom Zeitgeist automatisiert auf die Ebene der Nicht-Existenz verlagert wird, wird zugleich der Wunsch nach einer Grundschicht des Wirklichen artikuliert, die frei von allem Schein ist: »Doch genau dieses Manöver ist Quelle eines neuen Scheins, die es zu durchschauen […] und zum Versiegen zu bringen gilt.«

Hannes Zawodnik

BÜCHER

Michael Volkmer/ Karin Werner (Hg.): Die Corona-Gesellschaft. Analysen zur Lage und Perspektiven für die Zukunft

Sachbuch, transcript-Verlag, Bielefeld 2020, 432 S., 24,50 €

Schon der Titel spricht Bände: Wir sind die Corona-Gesellschaft, deren beherrschendes Thema das Virus ist und die umgekehrt von dem Virus beherrscht wird. Angst macht sich breit. Neben der erfreulichen Solidarität stehen alte und neue Egoismen. Neben den Forderungen nach einem neuen System steht ein »weiter so nach der Pandemie«, wie es Wirtschaft und Politik anstreben. Doch können wir tatsächlich so weitermachen, als wäre Corona etwas Singuläres, das bald wieder aufhört? Die Beiträge reichen von der Kritik der öffentlichen (Un-)Vernunft und historischen Einordnungen über Themen wie Gesellschaftsordnung und Räume bis zur Krisenbewältigung und konkreten Utopien. Dieses Buch gibt den Sozial- und Kulturwissenschaftlern Raum, die, so scheint es, trotz ihrer vielen Beiträge angesichts der vorwiegend virologischen und epidemiologischen Expertisen (siehe Vorwort) zu wenig gehört werden.
Heute steuern wir auf neue Höhepunkte der Infektionszahlen zu, doch lohnt es sich, die Texte aus der Zeit vor wenigen Monaten genauer zu lesen. Warum? Weil sich bis dato auf etlichen Ebenen nicht viel verändert hat und die Zukunft nicht klarer ist als vorher – im Gegenteil. Die soziale Ungerechtigkeit wächst; die Care-Berufe, die beklatscht und hoch gelobt wurden, haben außer anerkennenden Worten wenig greifbare Verbesserungen erhalten; Eltern mit der unseligen Kombination von Homeoffice und Kinderbetreuung sowie Homeschooling fühlen sich allein gelassen; der Kunst- und Kulturbetrieb ist weit abgehängt; die Gastrobetriebe kämpfen ebenso wie viele andere Branchen ums Überleben. Wie soll es also weitergehen, wenn die Pandemie abgeklungen ist?
Das Virus zeigt wie ein Schlaglicht, wo Krisenherde vor Corona vorhanden waren, wo es schwelte und jetzt teilweise die Funken sprühen. Jeder weiß, dass wir nicht weitermachen können wie bisher. Der Klimawandel ist etwas aus dem Blick geraten, doch hier

BÜCHER

passiert viel zu wenig. Wir wissen ebenso, dass die Ressourcen dieser Welt endlich sind, doch verschließen wir davor die Augen. Ein großes wirtschaftliches, politisches, ökologisches Umdenken angesichts der Tatsache, dass der Lockdown dem Planeten sehr gut bekommen ist, wäre wünschenswert, steht aber kaum im Raum. Dies ist nur eines der aktuellen Probleme, die uns schon vor Corona umgetrieben haben, die dringend brauchbarer Lösungen bedürfen und deren Bearbeiten angesichts der Corona-Krise fast zum Erliegen gekommen zu sein scheint. Es sollte jedoch das Prinzip kritischer Hoffnung gelten, wie es beispielsweise Fred Luks fordert, die neue Ziele formuliert und für entsprechend sinnvolle Aktivitäten sorgt.
In dem Band *Die Corona-Gesellschaft* haben namhafte Wissenschaftler Statements zum aktuellen Zustand der Welt vor wenigen Monaten sowie zu den Möglichkeiten, die Zukunft neu zu denken, beigetragen. Wir können daraus einiges lernen, zum Beispiel, dass eine Politik der Angst, der Kriegsrhetorik und des reinen Risikomanagements auf Dauer wenig hilfreich ist und dass die Welt zu Zeiten von und nach Corona sich zunehmend um humanistische, soziale und ökologische Fragen sowie um die vulnerablen Bevölkerungsanteile kümmern muss. Es wäre zu wünschen, dass die vielen Verantwortlichen in unserem Land neben allen anderen Experten auch diesen Stimmen sehr genau zuhörten. Sie zeigen, dass das Virus zwar gleichermaßen alle angreift, aber die Spaltung der Gesellschaft sich in der Krise vertieft (unter anderem Klaus Dörre). Es ist eben nicht jeder gleich vor dem Virus (so Jürgen Manemann). Es ist an der Politik, diese Spaltung zu mildern, zu verhindern und mit allen Kräften dagegen zu arbeiten; und es ist auch an der Gesellschaft, ihren Anteil daran zu leisten. Indem im Lockdown versucht wird, jedes Unternehmen zu retten, wird die Chance auf eine Veränderung, zum Beispiel im Sinne der bisher stark unterschätzten und wenig gewürdigten Care-Arbeiten, vertan (Gabriele Winker). Hoffen wir, dass die Beharrungskräfte auf Dauer nicht stärker sind als die Kraft der Selbstorganisation. Es droht ansonsten der Kollaps der Systeme (Silke Helfrich).
Die Beiträge wären allerdings angenehmer zu lesen, wenn das Gendern innerhalb der Texte mit einer entsprechenden Vorbemerkung am Buchanfang verhindert worden wäre.

Heike Krause-Leipoldt

Matthias Horx: Die Zukunft nach Corona. Wie eine Krise die Gesellschaft, unser Denken und unser Handeln verändert

Sachbuch, Econ Verlag, Berlin 2020, 144 S., 15,00 €

Einem Zukunftsforscher würde, so Horx einmal, oft die Frage gestellt, ob man diese oder jene Krise nicht hätte voraussagen können. »Darauf gibt es nur eine zweifache Antwort. Ja. Und doch eben nein.« Ähnlich doppeldeutig möchte man auf die Frage antworten, ob sein aktuelles Buch *Die Zukunft nach Corona* richtig analysieren oder prognostizieren würde: Als Sachbuch ist es auf merkwürdige Weise sowohl zu früh als auch zu spät erschienen. Matthias Horx, der in Frankfurt Soziologie studierte, ehe er das Studium zugunsten des Journalismus aufgab, machte sich in den 1990er-Jahren als Trendforscher einen Namen; heute gilt er als selbsternannter und umtriebiger Futurologe. Im März 2020, wenige Tage nach dem Lockdown, veröffentlichte er auf seiner Homepage einen Text, in dem er Mut machen wollte (und den er auch im Buch abdruckt): »Verzichte müssen nicht unbedingt Verlust bedeuten, sondern können sogar neue Möglichkeitsräume eröffnen.« Darin prognostizierte er »eine neue Kultur der Erreichbarkeit« und Verbindlichkeit. »Bücher lesen wurde plötzlich zum Kult«, und auch »die unendliche Flut grausamster Krimi-Serien« erreichte »ihren Tipping Point«. Und heute, ein halbes Jahr später,

wie lesen *wir* diese Sätze? Mit unwillkürlicher Rührung und zugleich mit der unabweisbaren Einsicht, dass jene Prognosen nichts als fromme Wünsche gewesen sind.
Genau diese guten Ratschläge hat Matthias Horx auch parat, wenn er sich Wochen später (das Rezensionsexemplar ist als dritte Auflage ›Juni 2020‹ gekennzeichnet) »das Neue Normal«, die neue Post-Corona-Gesellschaft vorstellt: als eine Gesellschaft, in der die ›Dankbarkeit‹ einen hohen Wert darstellt und ebenso die ›Verantwortung‹. Menschen aus den unterschiedlichsten Gruppen über die Generations- und Kulturgrenzen hinweg würden ein gemeinsames Netz bilden, »in dem etwas Neues entstand: eine Idee von Gemeinschaft, Kooperation, Widerstand.« Und in dem sich Kapitalismus und Globalisierung nicht auflösen, sondern verwandeln, nach dem Vorbild der Natur, in eine komplexe und zugleich faire Kooperation, in der Handwerk und lokales Wirtschaften wieder einen angemessenen Platz finden.
Je länger man in Horx' vermeintlichem Sachbuch liest, je weiter es voranschreitet, umso mehr fällt einem der pastorale Ton auf; die braven, biederen Wünsche, die als Prognosen – nein, vielmehr als ›Re-gnosen‹ – firmieren, erinnern doch allzu sehr an die ›Worte zum Sonntag‹ und sind auf ähnliche Weise wirklichkeitsfern. Denn ›die Wirklichkeit‹ setzt sich auch heute noch aus anderen Fakten zusammen. Vor wenigen Tagen, Anfang Oktober, hat *dpa* gemeldet, dass die »Ultrareichen in Deutschland und weltweit trotz Corona noch reicher« geworden seien. Und der renommierte Soziologe Armin Nassehi war sich von Anfang an sicher, dass sich unsere Gesellschaft durch die Pandemie *nicht* grundsätzlich ändern werde.

Franz Schwarzbauer

Bernd Kortmann/ Günther G. Schulze (Hg.): Jenseits von Corona. Unsere Welt nach der Pandemie – Perspektiven aus der Wissenschaft

Sachbuch, transcript-Verlag, Bielefeld 2020, 320 S., 22,50 €

Hier melden sich 33 Wissenschaftler*innen aus verschiedenen Bereichen zu Wort, um in einer gut gegliederten Ansammlung von kurzen, prägnanten Essays ihre Sicht der Dinge darzulegen. Dabei wird nicht ausschließlich auf die aktuelle Situation mitten in der Corona-Krise eingegangen, sondern auch ein Blick auf vergleichbare Krankheitsaufkommen, Ausnahmezustände und ihre Entwicklungsmuster in den letzten Jahrhunderten geworfen. Die Autor*innen versuchen so, für die Leser*innen greifbar zu machen, wie die Welt und unsere Gesellschaft sich nach der Corona-Pandemie in all ihren Facetten verändern könnten und sollten. Was sich wie ein roter Faden durch so gut wie alle Beiträge zieht, ist die Erkenntnis, dass es eine Rückkehr zu einem ›Normalzustand‹, wie sie sich

ein Großteil der Menschen schnellstmöglich herbeisehnt, vermutlich nicht geben wird. Zu viele Problemen und Missständen im sozialen, politischen oder globalen Zusammenhang (um nur einige zu nennen), die bereits vor Auftauchen des Virus Bestand hatten, wurden dadurch noch verstärkt und weiter in den Fokus der Öffentlichkeit gerückt. Hinzu kommen die durch die Pandemie verursachten Schwierigkeiten, die ebenfalls dringend einer Lösung bedürfen. Hier bringen die Verfasser*innen Vorschläge und Ideen ein, wie diese angegangen werden könnten, und äußern Zukunftswünsche für eine Zeit nach der Krise – wenn auch nicht zwingend eine Zeit ohne Virus.
Jenseits von Corona beschäftigt sich mit den Folgen der Pandemie für den Einzelnen und zeichnet gleichzeitig ein umfassendes Bild globaler Verstrickungen. Der Band verzichtet auf eindeutige Prognosen, will und kann keine klaren Antworten auf zukunftsbezogene Fragen geben und verweist stattdessen auf die Hoffnung, dass diese Krise die Gesellschaft besser auf ähnliche Situationen in der Zukunft vorbereiten kann. Dabei informiert er, macht wissenschaftliche Zusammenhänge und Ent-

wicklungen deutlich und bleibt neben seiner Sachlichkeit doch auch immer nah an den Leser*innen, die sich in einigen Kommentaren der Autor*innen unvermeidlich selbst wiedererkennen und so zur Reflexion über die eigene und die Lage anderer angehalten werden. Denn spätestens nach dieser Lektüre steht ohne Zweifel fest: Wir alle werden, wenn auch mehr oder weniger stark ausgeprägt, langfristig von den Folgen der Corona-Pandemie betroffen sein.

Raphaela Pfeifer

Georg Seeßlen: Coronakontrolle, oder: Nach der Krise ist vor der Katastrophe. Die Post-Corona-Gesellschaft und was sie uns über die Zukunft erzählt

Sachbuch, bahoe books, Wien 2020, 184 S., 15,00 €

Auch Georg Seeßlen nutzte die Corona-Auszeit, um die Krise in nahezu Echtzeit zu kommentieren. Im Sommer entstanden, im September erschienen – sein

neues Werk: *Coronakontrolle, oder: Nach der Krise ist vor der Katastrophe.* Anlass für sein Unternehmen ist nicht die Krise selbst, sondern sind die Stimmen, die eine Rückkehr zum »Normalzustand« in den Sommermonaten verstärkt fordern. So begibt sich der Autor auf einen Streifzug durch die einzelnen Facetten der Corona-Krise. Verschiedene Ausprägungen und Stadien bilden häufig den Ausgangspunkt seiner philosophisch essayistischen Ausflüge. Er geht dabei Fragen nach wie »Was ist eine Krankheit?« oder »Was ist eine Krise?«. Bei der Beantwortung begrenzt er sich nicht nur auf ein engeres Verständnis jener Begriffe, sondern versucht, diesen auf allen Ebenen gerecht zu werden. Bei seinen Untersuchungen dringt er tief in die Materie ein und veranschaulicht diverse Zusammenhänge, verliert dabei aber nicht den globalen Blickwinkel. Besonders die Verhältnisse zwischen der Gesellschaft, dem Staat mit seinen wirtschaftlichen

BÜCHER

Interessen und eben der Krise im Allgemeinen, der Coronakrise im Besonderen, berücksichtigt er bei seinen Analysen. Seine Ausführungen unterbricht er nur, um Bestandsaufnahmen einzuführen beispielsweise, wenn er sich den zur aktuellen Zeit überall zu erblickenden Mund-Nase-Masken zuwendet und insgesamt zehn Bedeutungen identifiziert. Er hält unter anderem fest: »Die Maske bezeichnet die Prekarität des Atmens (und damit des Lebens)«, während sie gleichzeitig ein (politisches) Bekenntnis sein kann. Wenn es nach Seeßlen geht, gelingt die Bewältigung einer Krise unter anderem in der Erzeugung einer anderen Krise, wodurch wir uns in einer Krise in der Krise in der Krise« befinden – ähnlich einer endlosen Matroschka. Die Warnung im Vorwort »Dieses Buch […] ist nicht besonders hoffnungsfroh« bereitet die Leser*innen nur unzulänglich vor, denn die 30 Bewältigungsstrategien, die der Autor und Bert-Donnepp-Preisträger (2017) am Ende bilanziert, zeichnen tatsächlich keine hoffnungsvolle Zukunft. Wie eine Post-Corona-Gesellschaft am Ende aussehen wird, kann auch Seeßlen nicht beantworten. Die Lektüre seines Werks und eine kritische Betrachtung der Vorgänge in Coronazeiten nach seinem Vorbild können bei der Kreation einer hoffnungsfroheren Zukunft nicht schaden.

Katharina Oberkalkofen

ANDREAS KOHM

Sprachheimat – wo das für immer Verlorene aufgehoben ist

Mànischmool glawwi, 's hängt mr noch ebbs ém ohr
vun denne gemurmelde werder ...

In Erinnerung an Claude Vigée

Am 3. Januar 1921 im niederelsässischen Bischwiller zur Welt gekommen als Claude-André Strauss, hineingeboren in eine alteingesessene jüdische Tuchhändlerfamilie und am 2. Oktober 2020 in Paris gestorben, liegt der Dichter Claude Vigée nun bestattet neben seiner Frau und seinem Sohn. Auf dem jüdischen Friedhof in Bischwiller.

Geboren und begraben im selben Ort, dazwischen fast 100 Jahre Lebenszeit. Das Bild des gleichförmigen Kreises, der sich geschlossen hat, scheint nahezuliegen. Doch werden in seiner Reduktion damit nicht sichtbar die Brüche, die gewaltsamen Verwerfungen, die von außen erzwungene Exzentrik und die mit ihnen einhergehenden Zerstörungen, Verluste, und schon gar nicht die Traumata, welche sich diesem Leben schmerzhaft eingraviert und es bestimmt haben.

Für Vigée beginnt 1938 mit der Evakuierung und 1940 mit dem deutschen Einmarsch und der Vertreibung der Juden ein »Leben in der Fremde« und »ein endloses Zerrissensein«: Flucht ins unbesetzte Südfrankreich, wo er sich in Toulouse dem jüdischen Widerstand, der »Action Juive« anschließt und seinen neuen Deck-Namen annimmt: übersetzt aus dem biblischen »Chaj Ani« (Isaia, XLIX,18), »Ich lebe«, wird das französische »Vie j'ai«, phonetisch »Vigée«, sein Über-Lebens-Motto. Ende 1942 emigriert er zusammen mit seiner Mutter in die USA. 43 Angehörige seiner Familie fallen der Shoa zum Opfer, »ausgeliefert den Nazis / und verbrannt in den Krematorien / weil sie geboren waren als Juden / im französischen Elsaß.«

Doch obwohl Rettung, bleibt das neue »harte Land« USA ihm zutiefst fremd. Neben der in diesem »geistige(n) Exil« und Diaspora begonnenen und von 1960–1983 in Jerusalem mit einer Romanistik-Professur fortgesetzten akademischen Karriere beginnt ab 1950 ein in Frankreich publiziertes dichterisches Werk von großer Eigenständigkeit zu wachsen und wahrgenommen zu werden. Dessen biografisch erzwungene Vielsprachigkeit findet außer den literarischen Hochsprachen seine wichtigsten und dabei abseitigsten Haltepunkte in der »verlorenen, begrabenen Kindersprache« »Elsäßerditsch« und im spät erst erlernten Hebräisch. Besonders für die Renaissance der elsässischen Dialektliteratur wird Vigée neben Adrien Finck, Conrad Winter und André Weckmann in den 1970–80ern zur eminent wichtigen Position.

Mit Vigée verstummt nun ein Dichter, Essayist, Übersetzer und Literaturwissenschaftler, der, international mit zahlreichen Preisen ausgezeichnet – neben vielen anderen erhält er 1984 den Johann Peter Hebel-Preis – seine Stimme stets für ein geistig erneuertes und geeintes Europa erhob.
Aus dem paradoxen Spannungsfeld zwischen Babel und »bàbble un schnàbble« glüht ihm ein Hoffnungsschimmer hin »auf eine unvorstellbare, zeitüberspringende Zukunft« und »vielleicht doch ein unsinniges, unmögliches Heil«, wie er in seiner Rede vor der Akademie für Sprache und Dichtung in Darmstadt 1996 phantasiert.

Bei aller Zerrissenheit zwischen zwei Nationalstaaten, ihren Kulturen und Hochsprachen, nochmals potenziert durch sein Judentum und seine Muttersprachlichkeit im alemannisch-elsässisch-jiddischen Dialekt: Vigée erkennt die traumatische Bewußtseinsspaltung jedoch auch als produktive Erweiterung seiner Identität als »Elsässer Jude, also doppelt Jude und doppelt Elsässer!«, die gerade *in ihrer Fragwürdigkeit* um ihre existentiellen Polyvalenzen weiß.

»Immer noch steigen paradiesische Bilder aus den verbrannten Obstgärten der Kindheit. Der einzige bewohnbare Ort, der dieses Paradies und diese Hölle bisweilen versöhnt, ist der privilegierte Ort des literarischen Erinnerns«, schreibt er autobiografisch in der »Jüdischen Komödie« »Bischweiler oder Der große Lepold« (1994), die anhand der großväterlichen Figur ein Bild jüdischer Kultur in der Provinz als ambivalente Idylle, im Widerstreit zwischen Tradition und Assimilation, nachzeichnet, bevor sie vom nationalsozialistischen Terror systematisch ausgelöscht wird. »Alles Leben, alle Poesie ist nichts als Rückkehr zum Ursprung, den es nicht gibt.«

Aus dieser realen, ebenso einzigartigen wie exemplarischen Lebenserfahrung als Mensch, »der in seinem Gedächtnis simultane Existenzen vermischt« und aus der »Tiefe seines einmaligen Wesens« schöpft, ergibt sich auch, weshalb Claude Vigée zeitlebens insistiert auf einer geradezu utopisch grundierten, widerständigen Haltung. Vieles von seiner solitär abseitigen Stellung im Literaturbetrieb ist damit erklärt. Er sieht sich und den modernen Dichter in der *Ver-Antwortung*, auch und gerade angesichts der poetologischen Verlockungen der ästhetischen Moderne mit ihrem l'art pour l'art und einer – aus seiner Sicht – Abwendung von der Welt als einer substanziell sinnlosen.

Deshalb wird dem Dichter der Hallraum der Bibel ebenso wichtig, wie auch die stets prekäre Identität als Jude – hier ein in immer neuen, aktualisierenden Auslegungen zu erschließender, sinnvoll zu verstehender Schatz menschlicher Erfahrungen, dort die historisch verbürgte Tradition und Tragödie durch die Jahrtausende bis in die eigene Gegenwart: »Jacob et poésie ont le même destin. Être juif et poète, c'est tout un.« – »Der Dichter und Jude, das ist eins« wird schicksalhaft Vigées poetisches und existentielles Credo. Es geht ihm dabei nicht um poetische Verklärung oder resignative Selbstpreisgabe, sondern sein stets analytisch klarer und kritischer Blick präpariert aus dem Dunkelsten noch die Dimension der Hoffnung heraus, wissend, daß es eine Verantwortung für die Zukunft gibt, welche aus dem Verstehen der Vergangenheit erwächst. Lebendiger Untergrund ist die »Sprache des Menschen« (Walter Benjamin), die bei aller Beschränkung dort im Zeitlichen wurzelt und in einer unabschließbaren Suchbewegung zugleich weit darüber hinausweist. Für Vigée offenbart sich ihre spirituelle Dimension in der Berührung mit dem Göttlichen, wo dieses selbst ans Menschliche und die Welt sinnlich elementar zurückgebunden ist und ihm *in* der Gefährdung seine widerständige Aufgabe und damit den möglichen Horizont ihrer Erfüllung zuweist. Das Schlußgedicht »Dr màndelbaum en Jerüsalem/L'amandier du Jerusalem« seiner Dialektdichtung »Wénderôwefîr« – »Le feu d'une nuit d'hiver« (1988–89) benennt diese Konstellation: »(...) obwohl er droht, dr Doodesengel, – / ewwe dôrum, drotzdemm, drotzdemm / blîbsch dü min jungs, min summerlichs, / min émmer nejs Jerüsalem!« – »oui, bien, bien qu'il te menace, l'archange de la mort, / contre lui justement, / malgré tout, malgré tout / tu demeures pour moi la fiancée d' été, / ma toute jeune, ma toute belle, / ma nouvelle Jérusalem!« Und bei näherem Hinsehen ist in Albert Camus' Sisyphos und dessen humanen Ethos des ›Trotzdem‹ ein enger Verwandter auszumachen. Einer, der sich nicht aufreibt in blindem Widerstand und Negation, sondern seine subversive Kraft, seinen »Atem« zart entfaltet im lebensbejahenden Tun. Den gewaltsamen Kämpfen politischer, ökonomischer und religiöser Ideologien setzt Vigée die poetische Idee einer »Heimat des Hauchs, endlos«, sein imaginäres »Nirgendwo«, seinen »ganz neuen Midrash« »Soufflenheim« entgegen und nennt sinnsuchend das Gedicht »für alle Menschen: ein Unterpfand des Daseins in der Nacht, wo unsere Lippen sich zerreißen, / um die gewaltige Blase der Geschichte aufzublähen«. In seinem – nur in Teilen deutsch vorliegenden – Werk leuchtet deshalb, solange es in seiner Vielsprachigkeit gelesen wird, weiter sein »Vie j'ai«.

kurzform

Mit dem Literaturpreis **»Text & Sprache 2020«** des Kulturkreises der deutschen Wirtschaft im BDI wurde **Maren Kames** für ihr bisheriges poetisch-musikalisches Gesamtwerk ausgezeichnet. »Es gelingt der Autorin, in ihren Werken fundamentale Erschütterungen und Spaltungen zu einer schwerelosen Komposition aus Fantasien, Unterbewusstem und Elementen der zeitgenössischen Musik zusammenzufügen«, so die Begründung der Jury. Maren Kames wurde für ihr Debüt *Halb Taube Halb Pfau* (2016) vielfach ausgezeichnet. Sie übersetzt Theaterstücke und Essays aus dem Englischen. Ihr jüngstes Werk *Luna Luna* erschien 2019. Die mit 20.000 Euro dotierte Auszeichnung wurde der Autorin im Rahmen der 69. Jahrestagung des Kulturkreises verliehen, die aufgrund der besonderen Situation im Kontext der COVID-19-Pandemie vom 9. bis 11. Oktober 2020 erstmals in virtueller Form stattfand.

Nora Bossong erhielt in diesem Jahr drei Preise. Für ihr literarisches Gesamtwerk wurde sie mit dem **Joseph-Breitbach-Preis 2020** ausgezeichnet, den die Stiftung Joseph Breitbach und die Akademie der Wissenschaften und der Literatur in Mainz vergeben. »Ihr Werk, in dem sich analytische Brillanz und sinnliche Evokationskraft gegenseitig befeuerten, moralisiere nicht, nehme am grassierenden Rechthaben nicht teil und erscheine doch in jeder Zeile politisch«, so die Jury. »Wiewohl illusionslos, ist es nie ohne Liebe, und beinahe hinterrücks voll Humor«. Der Preis ist mit 50.000 Euro dotiert und wurde am 25. September 2020 in Koblenz verliehen. Für ihren Roman *Schutzzone* (2019) wurde ihr der **Wilhelm-Lehmann-Preis** der Stadt Eckernförde, der mit 7.500 Euro dotiert ist, am 3. Oktober 2020 verliehen. Außerdem erhielt Nora Bossong den **Thomas-Mann-Preis**, der mit 25.000 Euro dotiert ist und am 12. November 2020 in Lübeck verliehen werden sollte.

Fatma Bahar Aydemir, Thomas Hettche und **Sven Amtsberg** erhielten den **Robert Gernhardt Preis 2020**, der gemeinsam vom Land Hessen und der Wirtschafts- und Infrastrukturbank Hessen (WIBank) ausgelobt wurde. Die Auszeichnung solle Autor*innen die Realisierung eines größeren literarischen Vorhabens ermöglichen. Fatma Bahar Aydemir erhielt die Auszeichnung für ihr Romanprojekt *Dschinns*, Thomas Hettche für sein Romanprojekt *Im Arvenschatten* und Sven Amtsberg für sein Romanprojekt *Rakete Schmidt*. Das Preisgeld in Höhe von 36.000 Euro teilten sich die Preisträger*innen. Die Vergabe an drei Personen war möglich, weil 2019 nur eine Autorin ausgezeichnet wurde. Die Preisverleihung fand im August 2020 in der Schalterhalle des Ministeriums für Wissenschaft und Kunst in Wiesbaden statt.

Der Autor und Journalist **Dietmar Dath** erhielt für sein literarisches Werk und seine publizistisch-politische Arbeit den mit 15.000 Euro dotierten **Reinhold-Schneider-Preis der Stadt Freiburg** in der Sparte ›Literatur‹. Die Auszeichnung prämiert Persönlichkeiten, deren Schaffen oder Leben in besonderer Weise mit Freiburg verbunden sind. Die Jury würdigt Daths »Denkwelten« und »Sprachkreationen« als »überraschendes Lektüreerlebnis« mit »gesellschaftspolitischer Relevanz«. Die Preisverleihung sollte am 22. November 2020 im Großen Haus des Theaters Freiburg stattfinden.

Der **Hölty-Preis für Lyrik der Landeshauptstadt und der Sparkasse Hannover** ging in diesem Jahr an die Dichterin, Romanautorin und Essayistin **Marion Poschmann**. Mit 20.000 Euro ist der Hölty-Preis für Lyrik der höchstdotierte Lyrikpreis im deutschsprachigen Raum. »Marion Poschmanns fabelhaftes Gedichtbuch enthält filigran konstruierte, von Natur- und Kunsterfahrung getragene Texte, die uns die Welt vor Augen stellen, als sähen wir sie zum ersten Mal«, so heißt es in der Begründung der Jury über ihren neuen Gedichtband *Nimbus* (2020), in dem sie »ihre Dichtkunst noch weiter verfeinert [hat]«. Der Hölty-Preis wurde am 17. September 2020 im Sprengel Museum Hannover verliehen.

Den **Lessing-Preis für Kritik 2020** erhielt die Schriftstellerin, Publizistin und frühere DDR-Leistungssportlerin **Ines Geipel**. Er wird an Menschen verliehen, die Kritik auch in einem gesellschaftlich wirksamen Sinn ausüben. Geipel wurde für ihr literarisches Schaffen ausgezeichnet, das ihre eigenen Erfahrungen in der DDR-Diktatur sowie die Verstrickungen ihrer Familie in die Holocaust-Verwaltung, die SS und die Stasi als Ausgangspunkt nahm. Geipel habe sich für die Rehabilitierung von Autor*innen in der DDR eingesetzt, hieß es in der Jury-Begründung. Die Auszeichnung ist mit 20.000 Euro dotiert. Die Preisverleihung fand am 10. Oktober 2020 in Wolfenbüttel statt.

Der Kabarettist **Gerhard Polt** erhält den mit 225 Litern Wein verbundenen **Markgräfler Gutedelpreis 2020**, der »kreativen Eigensinn« würdigt. Der 78-Jährige überzeugte die Jury als »einzigartiger Künstler durch unverbogene Klarheit, souveräne Haltung ohne überhebliche Attitüde sowie durch Gelassenheit und Zuversicht,« dabei komme er ohne »Zynismus und anbiedernde Kumpanei aus«. Die Preisverleihung ist im Dezember 2020 im Stadthaus in Neuenburg geplant.

Den **Rheingau Literatur Preis 2020** erhielt die Schriftstellerin **Annette Pehnt** für ihren Roman *Alles was Sie sehen ist neu* (2020). Die durch das Rheingau Literatur Festival initiierte Ehrung ist mit 11.111 Euro und 111 Flaschen besten Rheingau Rieslings dotiert. In der Begründung der Jury heißt es unter anderem: »*Alles was Sie sehen ist neu* sucht die Balance zwischen Orient und Okzident, Kollektivismus und Individualismus, Allegorie und Beobachtung. Das Buch ist ein Schlüsselroman, denn es öffnet die Welt.« Die Auszeichnung wurde im Rahmen des diesjährigen Rheingau Literatur Festivals am 27. September 2020 auf Burg Schwarzenstein verliehen.

Den **Literaturpreis der Darmstädter Jury** für das »Buch des Monats«, der zum ersten Mal vergeben wird, erhält der ungarische Kunsttheoretiker, Literaturwissenschaftler und Essayist **László F. Földényi**. Sein Buch *Lob der Melancholie* (2019) sei klar und in federnd brillanter Diktion geschrieben, so die Jury. Die mit 5.000 Euro dotierte Auszeichnung soll alle zwei Jahre an den Autor*in, Übersetzer*in oder den Verlag eines Werks verliehen werden, das unter den 24 von der Jury gekürten Büchern des Monats besonders herausragt. Der Preisverleihung in Darmstadt wurde Corona-bedingt auf das Frühjahr 2021 verschoben.

Die Autorin **Felicitas Hoppe** wurde mit dem in diesem Jahr erstmals verliehenen **Großen Preis des Deutschen Literaturfonds** geehrt. Der Preis ging hervor aus dem Kranichsteiner Literaturpreis und ist mit 50.000 Euro dotiert. Die Jury lobte die Vielfalt des Werks, ihre wache Wahrnehmung und die funkensprühende Vielschichtigkeit ihres Schreibens. Die Preisverleihung fand am 7. Oktober 2020 bei der Stiftung Brandenburger Tor im Max Liebermann Haus in Berlin statt und wurde erstmals live im Internet übertragen.

Den mit 12.000 Euro dotierten **Klopstock-Preis 2020** erhielt der Autor **Clemens Meyer** für sein Gesamtwerk. Im Jahr 2006 erschien Clemens Meyers Debütroman *Als wir träumten*. Es folgten unter anderem der Roman *Im Stein* (2013) sowie die Erzählung *Die stillen Trabanten* (2017). In der Begründung der Jury heißt es: »Seine Romane, Stories, Essays und politischen Wortmeldungen stehen in den großen Traditionen der klassischen Moderne und sind zugleich so gegenwärtig, wie Literatur es nur sein kann – ohne sich an die Gegenwart zu verraten«. Der mit 3.000 Euro dotierte **Förderpreis** ging an die Poetry-Slammerin **Josephine von Blueten Staub**. Die Preisverleihung fand am 1. September 2020 in Quedlinburg statt.

Der **Gerlinger Lyrikpreis** der Petra Schmidt-Hieber Literaturstiftung ging in diesem Jahr an die Lyrikerin und Übersetzerin **Carolin Callies**. Der Preis ist mit 7.500 Euro dotiert. Die Jury lobte das überaus originelle Bildprogramm ihrer Gedichte und die vielfältigen poetischen Überraschungen, die Leserinnen und Leser »mit ihrem Humor und ihrer Sprach-Lust gefangen nehmen.« Aufgrund der Corona-Situation musste die öffentliche Preisverleihung leider ausfallen; die Übergabe des Preises fand im privaten Rahmen statt.

Ulrike Draesner und **Esther Kinsky** wurden mit dem **Deutschen Preis für Nature Writing 2020** ausgezeichnet. Ulrike Draesner erhielt die Auszeichnung für ihren Text *Radio Silence*, Esther Kinsky für ihren Text *Tagliamento*. Die mit 10.000 Euro dotierte Würdigung richtet sich an Autor*innen, die sich in ihrem literarischen Werk auf ›Natur‹ beziehen. Er beinhaltet zudem einen sechswöchigen Schreibaufenthalt in den Räumlichkeiten der Stiftung Nantesbuch. Der Preis wurde 2020 zum vierten Mal vergeben – erstmals gemeinsam von der Stiftung Nantesbuch Kunst und Natur und dem Verlag Matthes & Seitz Berlin. Die Preisverleihung wurde auf April 2021 verschoben und soll im Rahmen des Nature Writing Seminars der Stiftung Nantesbuch nachgeholt werden.

Der deutsche Autor **Thilo Krause** und die französische Schriftstellerin **Anne Pauly** wurden mit dem **Robert Walser-Preis 2020** geehrt. Krause wurde für seinen Debütroman *Elbwärts* (2020) und Pauly für ihren Erstling *Avant que j'oublie* (2019) ausgezeichnet. Der Preis ist mit jeweils 20.000 Schweizer Franken dotiert und wird alle zwei Jahre gleichzeitig an ein französisch- und ein deutschsprachiges Erstlingswerk vergeben.

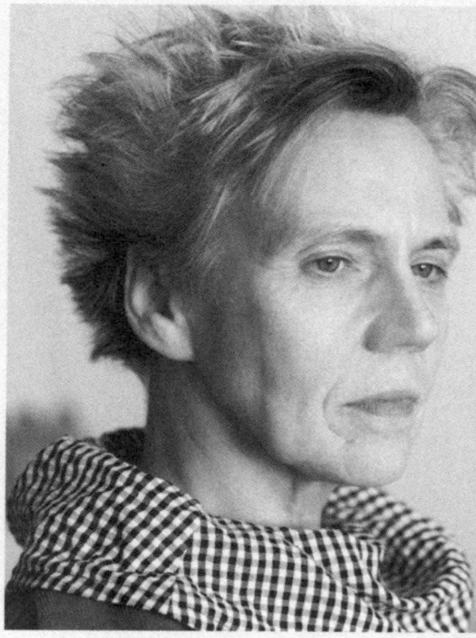

Die Schriftstellerin und Übersetzerin **Esther Kinsky** erhielt für ihren Text *Kalkstein* den 2020 erstmals vergebenen und mit 10.000 Euro dotierten **W.-G.-Sebald-Literaturpreis**. »Wir zeichnen damit einen Text aus, der in beeindruckender Weise eine Erinnerungspoetik des Gesteins und der Landschaft entfaltet und der die Themen von W. G. Sebalds Werk auf völlig eigenständige Art und Weise artikuliert und weiterführt«, so die Begründung der Jury. Kinskys Text wurde unter 900 anonym eingereichten Beiträgen ausgewählt. Ausgelobt wird die Auszeichnung von der Sebald Gesellschaft und drei Kommunen, die mit dem Leben des 2001 tödlich verunglückten Schriftstellers verbunden sind. Der Preis sollte am 21. November 2020 im Rahmen einer literaturwissenschaftlichen Fachtagung in Sonthofen im Oberallgäu verliehen werden.

Die Autorin **Irina Liebmann** wurde mit dem **Uwe-Johnson-Literaturpreis 2020** geehrt, der mit 20.000 Euro dotiert ist. Er wird alle zwei Jahre an Autor*innen verliehen, in deren Schaffen sich Anknüpfungspunkte zur Poetik des Schriftstellers Uwe Johnson (1934–1984) finden. Liebmann, die in Berlin lebt, erhielt die Ehrung für ihren Roman *Die Große Hamburger Straße* (2020). Sie habe ein Prosa-Netz entworfen, in dem unterschiedliche Zeitebenen kunstvoll miteinander in Verbindung gebracht werden, urteilte die Jury. Die Auszeichnung wurde der 77-Jährigen am 9. Oktober 2020 in der Landesvertretung Mecklenburg-Vorpommerns in Berlin übergeben.

Saša Stanišič wurde in diesem Jahr mit mehreren Preisen ausgezeichnet. Den **Hans-Fallada-Preis** der Stadt Neumünster erhielt er für seinen Roman *Herkunft* (2019). Die mit 10.000 Euro dotierte Auszeichnung, die alle zwei Jahre vergeben wird, wurde ihm am 10. März 2020 in Neumünster überreicht. Der Literaturpreis wird bevorzugt an jüngere deutschsprachige Autor*innen verliehen, die – wie Hans Fallada – in ihren Werken Probleme der Gegenwart mit politisch-sozialem Hintergrund behandeln. Ebenfalls für seinen Roman *Herkunft* (2019) wurde ihm der **Eichendorff-Literaturpreis 2020** verliehen. Stanišič verfüge über eine seltene sprachliche Virtualität und einen beeindruckenden poetischen Variantenreichtum, so die Begründung der Jury. Der Preis ist mit 5.000 Euro dotiert und wird jährlich vom Wangener Kreis (Gesellschaft für Literatur und Kunst »Der Osten« e.V.) vergeben.

Deniz Ohde erhielt für ihren Debütroman *Streulicht* (2020) den **»aspekte«-Literaturpreis.** »Mit stillen und leisen Sätzen und langen nachklingenden Bildern entwickelt Deniz Ohde in ihrem Roman *Streulicht* das Bild einer Gesellschaftsschicht, aus der es kein Entrinnen gibt«, hieß es in der Begründung der Jury. Der mit 10.000 Euro dotierte Preis wurde während einer digitalen Veranstaltung am 12. Oktober 2020 verliehen.

Die Lyrikerin **Nora Gomringer** erhält die **Carl-Zuckmayer-Medaille 2021** des Landes Rheinland-Pfalz. Sie gilt als eine der prägendsten Dichterinnen der jungen Generation und wird für ihre Verdienste um die deutsche Sprache ausgezeichnet. Ministerpräsidentin Malu Dreyer bezeichnete Gomringer als »eine der großen Sprachartistinnen unserer Zeit« und begründete die Entscheidung: »Fantasievoll, kreativ und sich immer wieder neu entdeckend hat sie die Literaturszene der Gegenwart beeinflusst.« Die Preisverleihung findet voraussichtlich am 18. Januar 2021 in Mainz statt.

Prof. Dr. Hansgeorg Schmidt-Bergmann (r.) überreichte im Beisein des Karlsruher Oberbürgermeisters Dr. Frank Mentrup (l.) den Hermann Hesse Literaturpreis an Iris Hanika (2. v. r.) und den Hermann Hesse Förderpreis an Nadine Schneider (2. v. l.). Die Preisverleihung fand am 29. Oktober 2020 im Bürgersaal des Karlsruher Rathauses statt.

Der mit 15.000 Euro dotierte **Hermann Hesse Literaturpreis 2020** ging an **Iris Hanika** für das Buch *Echos Kammern* (2020). An Hanikas Roman besteche die verbindende Kraft einer in feinste Nuancen dringenden Sprache, lobte die Jury. Der mit 5.000 Euro dotierte Hermann Hesse Förderpreis ging an **Nadine Schneider** für *Drei Kilometer* (2019). Der Preis wird alle zwei Jahre von der Stiftung Hermann Hesse Literaturpreis verliehen, die von der Literarischen Gesellschaft Karlsruhe betreut wird.

Der in diesem Jahr erstmals vergebene **Literaturpreis der Doppelfeld Stiftung** für das beste literarische Debüt ging an den Heilbronner Autor **Cihan Acar** für seinen Roman *Hawaii* (2020). Aufgrund der hohen Qualität der ausgewählten Bücher und der durch Pandemie bedingten Einschränkungen in diesem Jahr, die viele Autor*innen betreffen, haben sich die Stifter entschieden, zum Start des Preises allen fünf Shortlist-Kandidat*innen ein Preisgeld zukommen zu lassen. Der Hauptpreis ist mit 6.000 Euro dotiert. Die Preisverleihung fand am 17. September 2020 im Literaturhaus München statt.

Der **Deutsche Buchpreis 2020** geht an **Anne Weber** für ihr Versepos *Annette, ein Heldinnenepos* (2020). »Anne Weber ist es gelungen, in der Form des Epos das reale Leben der 96-jährigen Anne Beaumanoir in ein grandioses Stück Literatur zu verwandeln«, so die Begründung der Jury – »mit feinem Humor, verspielt und mit viel Feingefühl«. Der Deutsche Buchpreis ist mit insgesamt 37.500 Euro dotiert und wurde am 12. Oktober 2020 in einer digitalen Veranstaltung verliehen. Mit dem Deutschen Buchpreis zeichnet die Stiftung Buchkultur und Leseförderung des Börsenvereins des Deutschen Buchhandels zum Auftakt der Frankfurter Buchmesse den deutschsprachigen »Roman des Jahres« aus.